Grandes viajes del reino animal

LIBSA

Animales viajeros

¿Te has preguntado alguna vez por qué migran los animales? A lo largo de la Tierra, hallamos muchísimas especies que viajan cientos e incluso miles de kilómetros.

Algunas caminan a través de las sabanas africanas o de bosques invernales. Otras, que viven en los océanos, usan sus aletas para nadar incansablemente. Aquellas que tienen alas, las utilizan para alzar el vuelo y marchar muy lejos. ¿Por qué invierten tanto tiempo y energía en estas increíbles hazañas?

La migración es un comportamiento o adaptación de los animales, que les sirve para afrontar los cambios en el entorno. Es decir, muchos animales viajan para evitar un momento adverso, por ejemplo, épocas de sequía o de mucho frío. De esta forma, acuden a lugares donde las condiciones son mejores, ya que allí abundan recursos como la comida. En la gran mayoría de los casos, las especies también aprovechan esas épocas para reproducirse y criar a sus retoños.

Existen muchísimos ejemplos de animales que migran. En este libro seguiremos la pista de las migraciones más sorprendentes. Por ejemplo, conoceremos la historia de una pequeña ave, el charrán ártico, que viaja desde el Ártico hacia la Antártida y luego regresa. En esta espectacular gesta recorre más de 50 000 km. ¡Su migración es la más larga de todos los animales!

Otro caso fascinante es el protagonizado por la mariposa monarca. Dichos insectos son famosos por su migración desde los Estados Unidos y

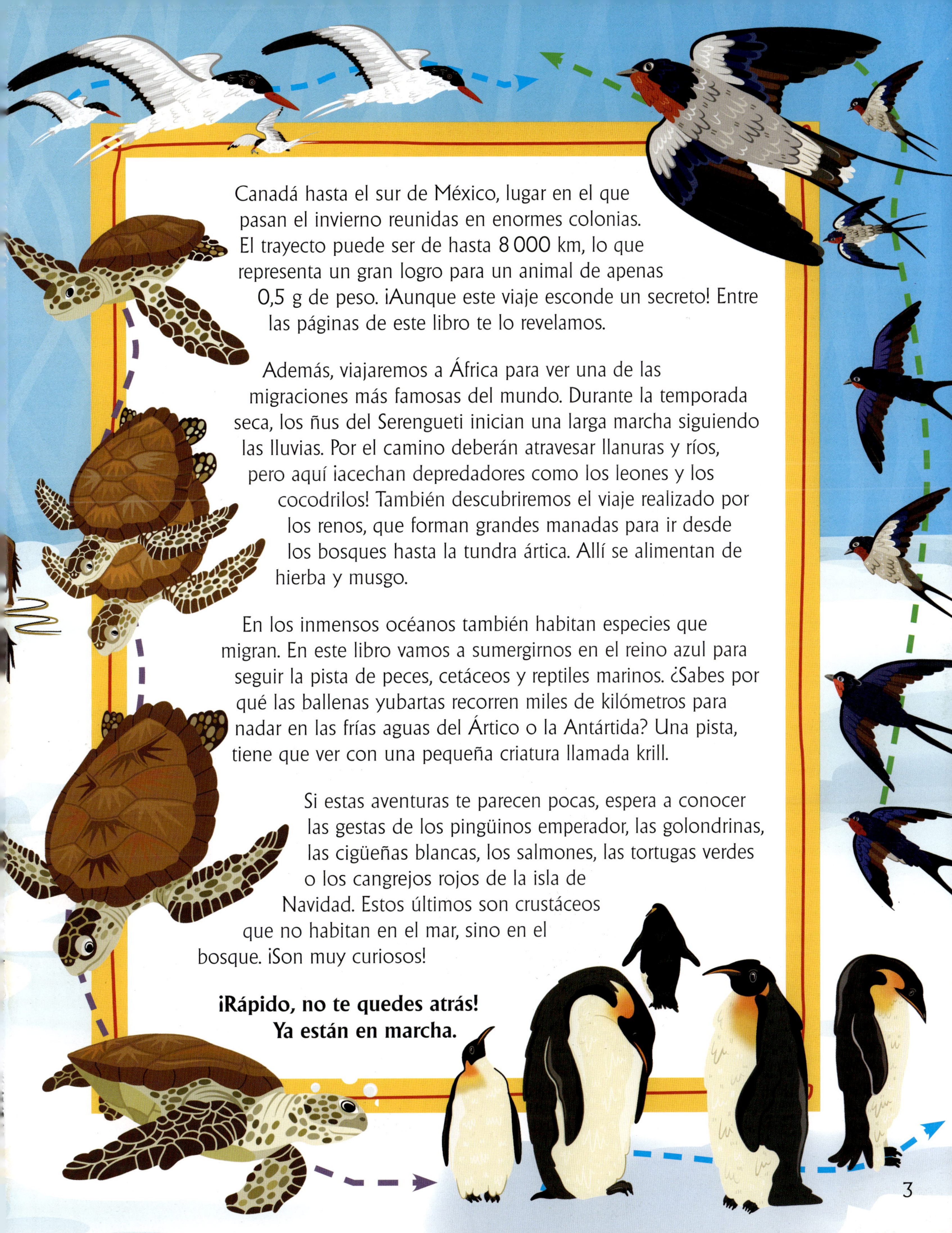

Canadá hasta el sur de México, lugar en el que pasan el invierno reunidas en enormes colonias. El trayecto puede ser de hasta 8 000 km, lo que representa un gran logro para un animal de apenas 0,5 g de peso. ¡Aunque este viaje esconde un secreto! Entre las páginas de este libro te lo revelamos.

Además, viajaremos a África para ver una de las migraciones más famosas del mundo. Durante la temporada seca, los ñus del Serengueti inician una larga marcha siguiendo las lluvias. Por el camino deberán atravesar llanuras y ríos, pero aquí ¡acechan depredadores como los leones y los cocodrilos! También descubriremos el viaje realizado por los renos, que forman grandes manadas para ir desde los bosques hasta la tundra ártica. Allí se alimentan de hierba y musgo.

En los inmensos océanos también habitan especies que migran. En este libro vamos a sumergirnos en el reino azul para seguir la pista de peces, cetáceos y reptiles marinos. ¿Sabes por qué las ballenas yubartas recorren miles de kilómetros para nadar en las frías aguas del Ártico o la Antártida? Una pista, tiene que ver con una pequeña criatura llamada krill.

Si estas aventuras te parecen pocas, espera a conocer las gestas de los pingüinos emperador, las golondrinas, las cigüeñas blancas, los salmones, las tortugas verdes o los cangrejos rojos de la isla de Navidad. Estos últimos son crustáceos que no habitan en el mar, sino en el bosque. ¡Son muy curiosos!

¡Rápido, no te quedes atrás!
Ya están en marcha.

El pingüino emperador

La migración del pingüino emperador: un viaje para amar y sobrevivir.

Se dice que esta increíble especie se enamora una vez al año. ¡Esta es la única clase de pingüinos que se reproduce en invierno y concibe un solo huevo! ¡Conoce al maravilloso pingüino emperador de la Antártida!

Locomoción

Es un excelente nadador: puede sumergirse en las aguas más frías durante más de 20 minutos a una profundidad de más de 500 m. En cambio, en tierra no se desplaza con tanta facilidad; sus movimientos son más lentos, camina tambaleante o se desliza sobre su vientre.

FICHA

Tamaño: Llega a medir hasta 1,15 m de altura. Su cola es de 34 cm.

Peso: 25-40 kg. Varía en función del sexo.

Alimentación: Del océano Antártico y de las áreas sin hielo obtienen peces, crustáceos y cefalópodos, que son la base de su dieta. Poseen una lengua con púas que les permite sujetar las presas con mayor precisión para que no se escapen al ser capturadas.

¿SABÍAS QUE...

el pingüino es el ave que se puede sumergir a mayor profundidad.

Dónde viven los pingüinos

El pingüino emperador habita en las costas de la Antártida y hasta unos 18 km hacia al interior de este continente.

Casi todas las especies de pingüinos se encuentran en el hemisferio sur; solo una especie vive en el hemisferio norte (el pingüino de las islas Galápagos, Ecuador).

Hacen sus nidos en las costas de Sudáfrica, Nueva Zelanda, Australia, la Antártida, Perú, Chile, Ecuador y la Patagonia argentina. También existe una especie que habita en las costas del extremo sur de África.

¿SABÍAS QUE...

a pesar de lo que se piensa habitualmente, no hay pingüinos en el hemisferio norte.

ANTÁRTIDA

Reproducción

Se aparean en invierno; se reúnen en grupos, las hembras ponen un huevo y regresan al mar para alimentarse mientras el macho se dedica a incubarlo. Dos meses después, los huevos empiezan a eclosionar; las hembras vuelven para ocuparse de la cría y el macho regresa al mar para alimentarse tras el largo ayuno.

Adaptación al entorno

Su cuerpo hidrodinámico está adaptado al medio marino. Además, poseen unos huesos sólidos para soportar la presión del agua. Para mantener la temperatura corporal se reúnen en grandes grupos de hasta cientos de aves. El grupo gira constantemente, lo que permite a los individuos estar en el interior y en el exterior de la formación y así alternar entre la zona expuesta al frío y la zona protegida. El plumaje tiene una superficie densa e impermeable de plumas preparadas para soportar el frío y la humedad, además de una capa gruesa de piel.

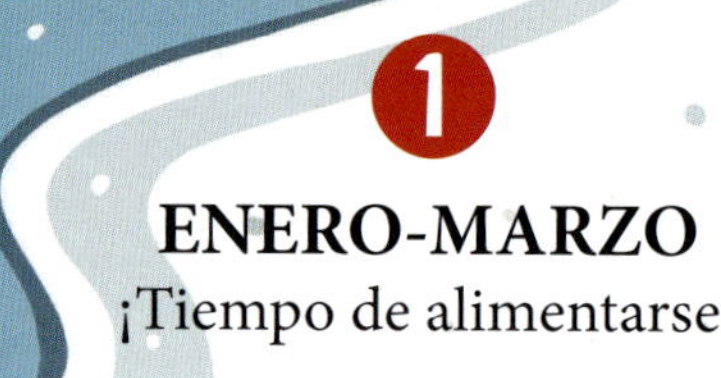

ENERO-MARZO

¡Tiempo de alimentarse!

ABRIL

Los machos recorren de 100 a 150 km hasta llegar a la zona donde va a empezar la reproducción.

MAYO

Cuando se encuentran con las hembras, los machos emiten un sonido para llamar su atención. La hembra le tiene que corresponder imitando el sonido.

Después de pasarse el huevo, las hembras marchan hacia el océano para poder alimentarse, y así recorren el camino que los machos recorrieron anteriormente.

JUNIO-JULIO

Después de que las hembras han empollado el huevo, los dos practican movimientos para cuando la hembra le pase el huevo al macho. Lo hacen para que el huevo no tenga contacto con el hielo, ya que de ser así, puede romperse y la cría puede no nacer.

AGOSTO

Los huevos empiezan a romperse y las nuevas crías nacen.

La gran travesía

Las hembras vuelven.

Los machos emprenden nuevamente su viaje hacia el océano para poder alimentarse.

8

DICIEMBRE

En el mes de diciembre, cuando los hielos donde habitan se rompen, comienzan a aprender a cazar para alimentarse por sí solos.

7

NOVIEMBRE

Los polluelos se juntan para poder darse calor mutuamente, ya que después de que las hembras los alimentan ya no los pueden resguardar del frío.

6

SEPTIEMBRE-OCTUBRE

Los machos alimentan a los polluelos con la reserva de comida que guardaron cuando hicieron su viaje al océano.

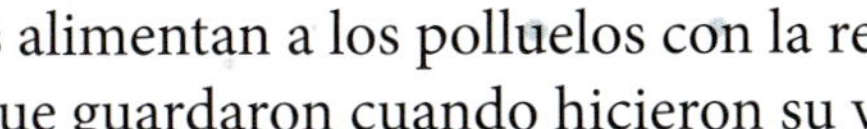

La mariposa monarca

La mariposa monarca (*Danaus plexippus*) es la protagonista de una de las migraciones más impresionantes.

Estos insectos son famosos por viajar grandes distancias desde los lugares donde hallan su alimento favorito hasta los sitios donde prefieren pasar el invierno. ¡Este viaje puede ser de hasta 8 000 km!

ORUGA

FICHA

Descripción: La mariposa monarca es un insecto que pertenece al grupo de los lepidópteros. Podemos reconocerlas gracias a sus alas de color naranja, líneas negras y puntos blancos.

Tamaño: Sus alas tienen una envergadura de 8 a 10 cm.

Peso: 0,5 g.

Metamorfosis

Como todos los lepidópteros, su ciclo de vida tiene cuatro fases: **huevo, oruga, crisálida** y **mariposa**. El proceso mediante el cual pasan de ser una larva a una espléndida mariposa se conoce como **metamorfosis**.

HUEVOS

Huevos, larvas y orugas

Las madres mariposas monarca ponen sus huevos debajo de las hojas de su planta favorita: el algodoncillo. ¡Ponen entre 300 y 500 huevos en un periodo de dos a cinco semanas! Los huevos son diminutos: pesan 0,5 mg y tienen 1,2 mm de longitud. Cuando nacen, las larvas se alimentan del algodoncillo. El cuerpo de las orugas luce con rayas blancas, amarillas y negras.

¿SABÍAS QUE...

para afrontar la migración las mariposas monarca acumulan lípidos, proteínas y carbohidratos? Así consiguen energía suficiente para volar, aunque por el camino tendrán que hacer parada para beber algo de néctar.

Una curiosa manera de defenderse

Las plantas de algodoncillo son tóxicas para muchos animales, pero esto no afecta a las monarca. En realidad, estos insectos acumulan en su cuerpo las sustancias tóxicas de la planta. ¡Así resultan una comida desagradable para los depredadores!

¡Me voy!

Las mariposas monarcas migran para evitar el frío invierno. ¡No quieren congelarse! Su instinto les indica que es hora de partir cuando las plantas de algodoncillo empiezan a morir, la duración del día se acorta y bajan las temperaturas.

CRISÁLIDA

¿SABÍAS QUE...

no todas las poblaciones de mariposas monarca hacen migraciones? Por ejemplo, las mariposas monarca de Florida y el Caribe no migran.

Un rato bocabajo

Al salir de sus crisálidas, las mariposas deben pasar varias horas colgando boca abajo mientras esperan a que sus alas se desplieguen por completo. Después, podrán volar para buscar flores donde conseguir un rico almuerzo a base de néctar.

MARIPOSA

Dónde vive

Habita en América del Norte. Podemos verla en Estados Unidos, México y el sur de Canadá dependiendo de la época de su migración. También existen poblaciones en islas del Caribe, así como en algunas islas y regiones de Europa oriental. Incluso se hallan en Australia, Nueva Zelanda y varias islas del océano Pacífico.

Un viaje increíble

1

SEPTIEMBRE Y OCTUBRE

En estos meses, las mariposas monarca empiezan a migrar hacia el sur. Las poblaciones del sur de Canadá, junto con las del este y noreste de Estados Unidos, vuelan siguiendo dos rutas que cruzan América del Norte. La ruta más importante las lleva hasta México, mientras que la segunda termina en California.

2

NOVIEMBRE

Las mariposas monarca llegan a sus sitios de hibernación en las costas de California o en las montañas del centro de México. En estos lugares pasarán los meses de invierno. Aquí las hembras pondrán los huevos de la siguiente generación. Cuando las orugas finalicen su metamorfosis, iniciarán el viaje hacia el norte en la próxima temporada.

MARZO

La nueva generación emprende la migración hacia el norte. Se dirigen a los lugares desde donde partieron sus madres y padres, pero ellos ya no les acompañan. En este trayecto, las mariposas volverán a reproducirse y darán lugar a nuevas generaciones que continúan el viaje. Al finalizar el ciclo completo de la migración, ¡pueden haber existido hasta cuatro o cinco generaciones! Por eso se dice que la migración de esta especie es multigeneracional.

¿Cómo se guían durante este largo trayecto? Aún se desconoce alguno de los secretos de estos insectos. Los científicos creen que las mariposas monarca se guían siguiendo el Sol, detectando el magnetismo de la Tierra y reconociendo lugares concretos como las montañas.

La ballena jorobada

Las ballenas yubartas o jorobadas (*Megaptera novaeangliae*) se encuentran entre los mamíferos que realizan las migraciones más largas.

Algunos de estos cetáceos llegan a nadar hasta 8 000 km desde sus lugares de reproducción y cría hasta las regiones más frías de la Tierra. Eso significa que, en un año, ¡habrán recorrido 16 000 km!

Un animal gigante y cosmopolita

Sus aletas caudales pueden medir hasta 5 m de ancho, mientras que sus aletas pectorales alcanzan unos 4 m de largo. Gracias a dichas aletas, empujan sus enormes cuerpos para nadar grandes distancias. También pueden usarlas para impulsarse y ¡saltar fuera del agua!

Técnicas de caza

Un curioso comportamiento de estos animales son sus técnicas de caza. Suelen cazar en grupo, dando vueltas y haciendo círculos cada vez más pequeños alrededor de un banco de peces, a los que desorientan usando sonidos o cortinas de burbujas de aire. De esta forma, acorralan en la superficie a sus presas antes de lanzarse para engullirlas.

FICHA

Descripción: La ballena jorobada es corpulenta; su cuerpo disminuye rápidamente de espesor en dirección a la cola. Las aletas pectorales son muy largas: pueden llegar a medir de 5 a 7 m.

Tamaño: 19 m.

Peso: 40 toneladas.

¿SABÍAS QUE...

el gran tamaño de sus aletas inspiró su nombre científico? La palabra *Megaptera* significa «alas grandes». Por otro lado, su nombre común se debe a la inconfundible joroba de su espalda.

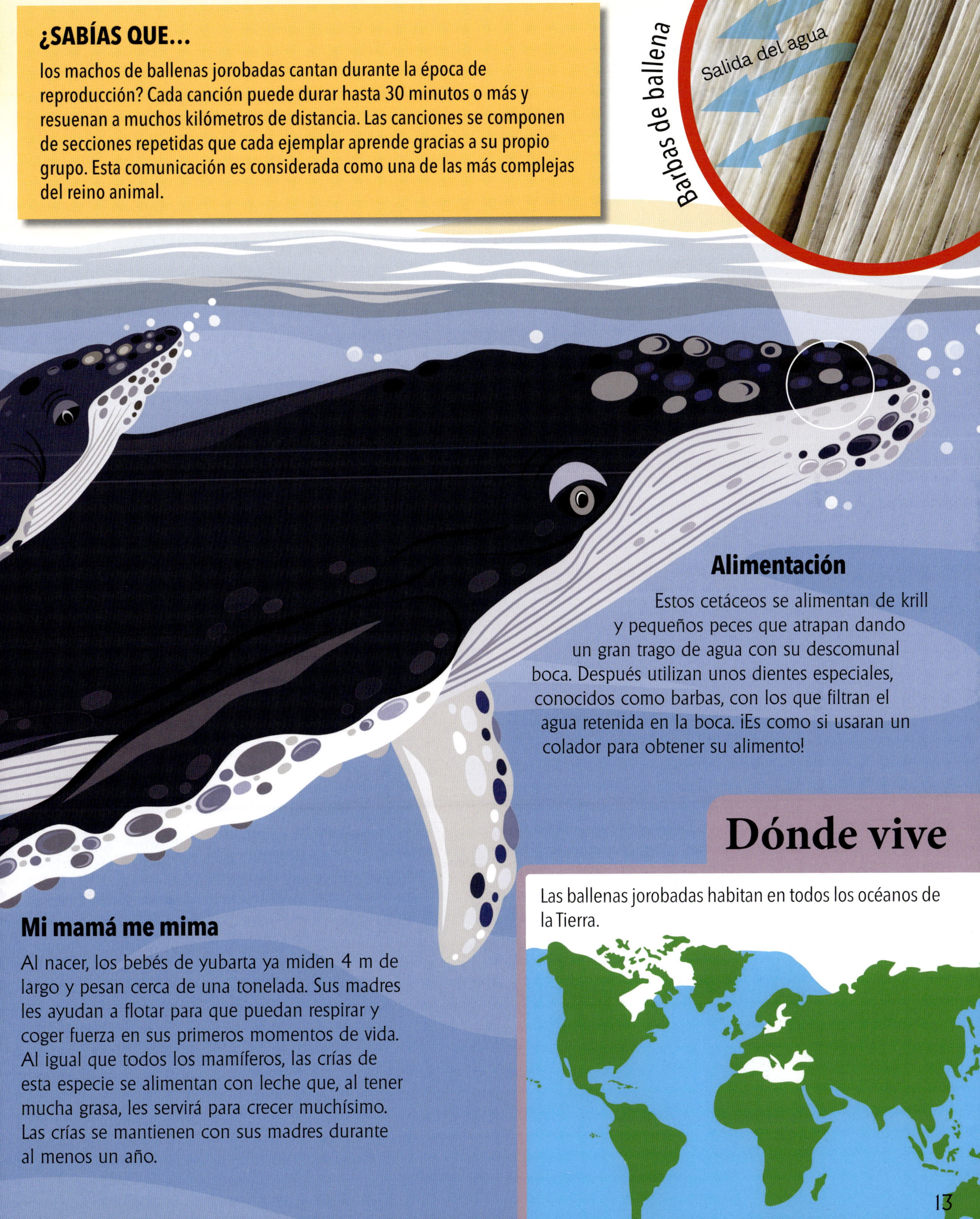

¿SABÍAS QUE...

los machos de ballenas jorobadas cantan durante la época de reproducción? Cada canción puede durar hasta 30 minutos o más y resuenan a muchos kilómetros de distancia. Las canciones se componen de secciones repetidas que cada ejemplar aprende gracias a su propio grupo. Esta comunicación es considerada como una de las más complejas del reino animal.

Alimentación

Estos cetáceos se alimentan de krill y pequeños peces que atrapan dando un gran trago de agua con su descomunal boca. Después utilizan unos dientes especiales, conocidos como barbas, con los que filtran el agua retenida en la boca. ¡Es como si usaran un colador para obtener su alimento!

Mi mamá me mima

Al nacer, los bebés de yubarta ya miden 4 m de largo y pesan cerca de una tonelada. Sus madres les ayudan a flotar para que puedan respirar y coger fuerza en sus primeros momentos de vida. Al igual que todos los mamíferos, las crías de esta especie se alimentan con leche que, al tener mucha grasa, les servirá para crecer muchísimo. Las crías se mantienen con sus madres durante al menos un año.

Dónde vive

Las ballenas jorobadas habitan en todos los océanos de la Tierra.

La larga ruta de las ballenas jorobadas

A lo largo de los océanos encontramos diferentes grupos de yubartas. Según el grupo, estos animales migran desde el Polo Norte o el Polo Sur hacia regiones cálidas situadas en los alrededores del ecuador de la Tierra.

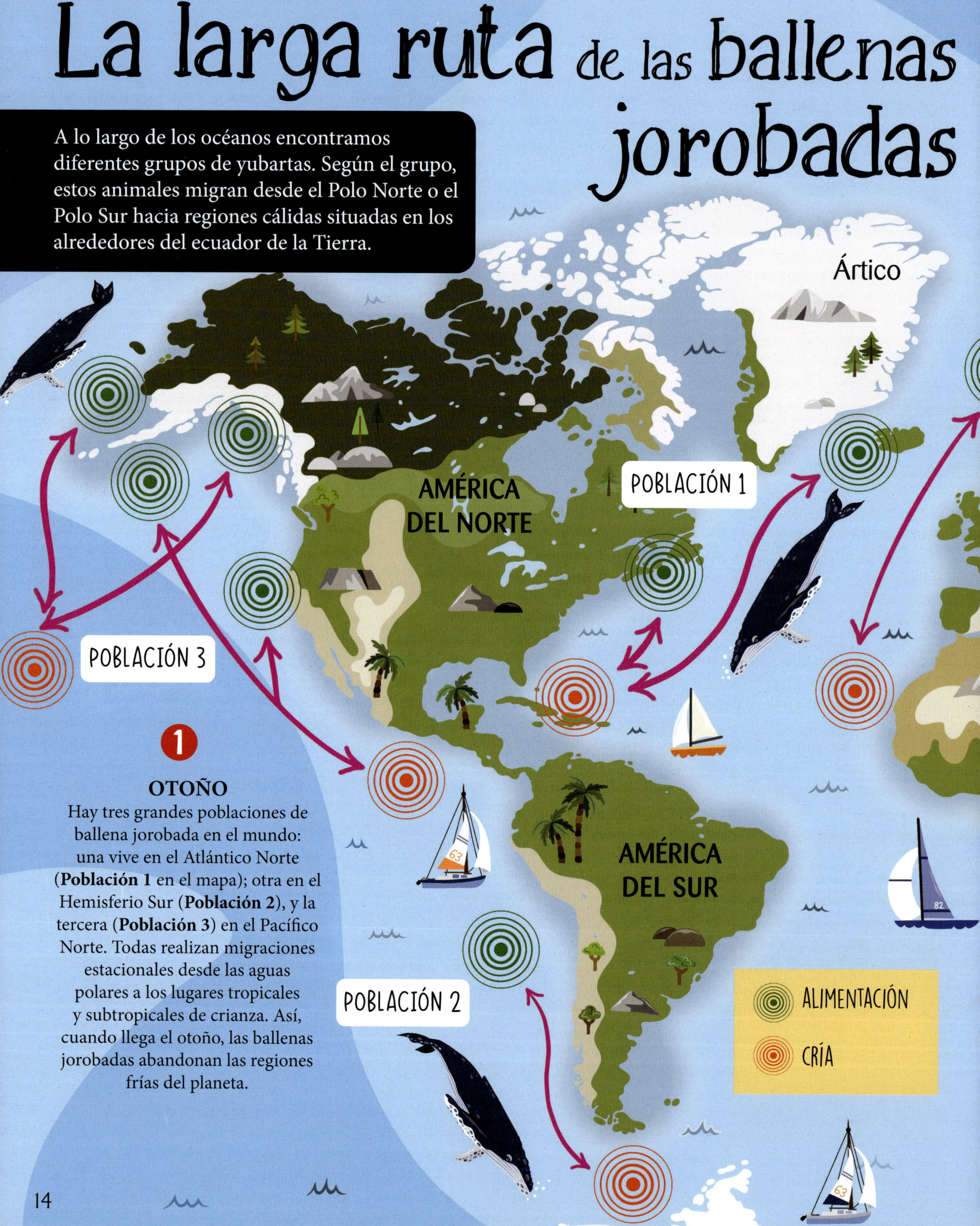

1

OTOÑO

Hay tres grandes poblaciones de ballena jorobada en el mundo: una vive en el Atlántico Norte (**Población 1** en el mapa); otra en el Hemisferio Sur (**Población 2**), y la tercera (**Población 3**) en el Pacífico Norte. Todas realizan migraciones estacionales desde las aguas polares a los lugares tropicales y subtropicales de crianza. Así, cuando llega el otoño, las ballenas jorobadas abandonan las regiones frías del planeta.

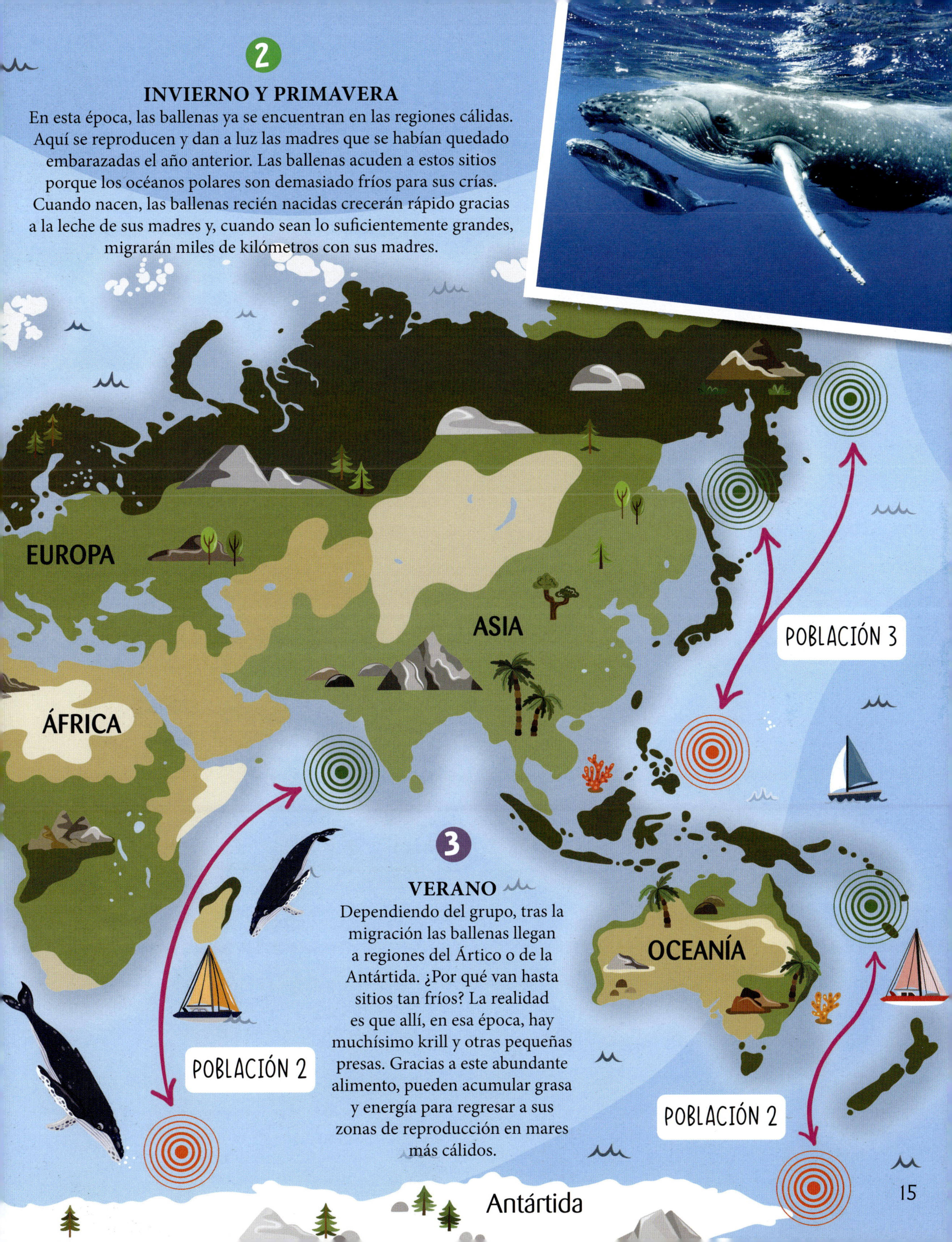

2

INVIERNO Y PRIMAVERA

En esta época, las ballenas ya se encuentran en las regiones cálidas. Aquí se reproducen y dan a luz las madres que se habían quedado embarazadas el año anterior. Las ballenas acuden a estos sitios porque los océanos polares son demasiado fríos para sus crías. Cuando nacen, las ballenas recién nacidas crecerán rápido gracias a la leche de sus madres y, cuando sean lo suficientemente grandes, migrarán miles de kilómetros con sus madres.

3

VERANO

Dependiendo del grupo, tras la migración las ballenas llegan a regiones del Ártico o de la Antártida. ¿Por qué van hasta sitios tan fríos? La realidad es que allí, en esa época, hay muchísimo krill y otras pequeñas presas. Gracias a este abundante alimento, pueden acumular grasa y energía para regresar a sus zonas de reproducción en mares más cálidos.

La golondrina

La golondrina común (*Hirundo rustica*) es una pequeña ave que realiza una increíble migración. En Europa las golondrinas, junto con vencejos y aviones, acuden cada primavera desde lugares muy lejanos a pueblos y ciudades para criar.

Se estima que en España anidan alrededor de un millón de parejas de golondrinas, mientras que en toda Europa su población puede rondar entre las 16 y 36 millones de parejas.

¿Cómo son las golondrinas?

El cuerpo de las golondrinas es muy aerodinámico. Sus alas son largas y puntiagudas, y les permiten volar velozmente y con mucha agilidad. ¡Alcanzan una velocidad máxima de 72 km/h! Dichas aves presentan un plumaje negro con reflejos azules metálicos, pero la parte inferior de su cuerpo luce de color blanco. Tanto en la garganta como sobre el pico tienen plumas de color rojo. Otro rasgo característico de esta especie es su larga cola en forma de horquilla.

FICHA

Tamaño: 18 cm, con una envergadura de 33 cm

Peso: 25 gr

Dónde vive

Es posible avistar a estas aves en Europa, Asia, América y África.

¿SABÍAS QUE...

las golondrinas se alimentan de insectos? Estas aves vuelan cerca del suelo o a varios metros de altura para atrapar muchos tipos de insectos: moscas, mosquitos, avispas, abejas, escarabajos, chinches y hormigas voladoras.

Pueden comer unos 60 insectos en una hora. Durante un día, se habrán alimentado de unos 850 insectos. ¡En un año podrían comer más de 300 000 moscas o mosquitos!

¿Dónde anidan?

Los nidos de las golondrinas son muy curiosos. Para construir sus casas, estas aves usan barro que recogen con el pico. Con este barro hacen pequeñas bolas que van pegando a una superficie de roca o en una pared. También aprovechan otros materiales como hierba seca o incluso plumas. Los nidos tienen forma de media copa y tardan unos 10 días en hacerlos. Les gusta anidar en edificios construidos por los humanos, bajo el techo o en las esquinas y recovecos. Estos nidos suelen ser reutilizados a lo largo de los años, por lo que deben repararlos cada temporada.

¡Ya somos papás!

Cada pareja de golondrinas pone entre cuatro y cinco huevos, que son de color blanco con manchas rojas. Los huevos eclosionan en el mes de julio y pasados entre 20 y 25 días los polluelos ¡ya pueden volar! Las crías deben crecer rápido para hacer el viaje hasta el sur con sus padres y el resto de golondrinas.

La ruta hacia el sur de las golondrinas

1

SEPTIEMBRE

En el hemisferio norte, el verano da paso al otoño y hace más frío. Esto significa que encontrarán menos insectos para comer. Por eso, las golondrinas comienzan a congregarse para hacer el viaje hacia el sur donde tendrá lugar el verano del hemisferio sur. Aquí las golondrinas viven durante cuatro o cinco meses.

Las golondrinas de España parten para invernar en lugares como el golfo de Guinea, en el centro oeste de África. Las aves que salen de Reino Unido se dirigen hacia Sudáfrica. Entre Eurasia y África, cada año vuelan alrededor de ¡200 millones de golondrinas! En Asia, algunas poblaciones vuelan hasta Arabia, India, Indonesia o norte de Australia; mientras que en América del Norte el trayecto es hacia América del Sur.

2

FEBRERO

Las golondrinas comienzan a marcharse de los lugares donde invernan. Viajan de regreso al hemisferio norte para aprovechar la primavera y el verano del norte. Las golondrinas que parten desde África hasta España deberán pasar por el estrecho de Gibraltar. Cada día, recorren alrededor de 100 o 140 km para llegar a su destino en 30 días. ¡Es un trayecto de unos 3 500 km!

Las golondrinas crían en muchos países de América del Norte, Europa y Asia. Sin embargo, durante el invierno evitan el frío viajando a regiones del hemisferio sur donde las condiciones son más cálidas. En primavera regresan para reproducirse, mientras aprovechan la abundancia de comida en el hemisferio norte. ¡Tras estos viajes de ida y vuelta habrán recorrido miles de kilómetros!

3

FINALES DE MARZO

En muchos lugares, el inicio de la primavera está anunciado por el regreso de las golondrinas. Tras el viaje de ida y vuelta, las golondrinas de Reino Unido ¡habrán volado aproximadamente 19 000 km!

La golondrina siempre ha estado estrechamente vinculada al hombre. No es extraño encontrar sus nidos en graneros y establos cerca de paisajes abiertos con cultivos y ganados. Ayuda al ser humano a mantener cuidados los campos gracias a su labor insecticida, puesto que así consigue la alimentación necesaria para criar a sus polluelos.

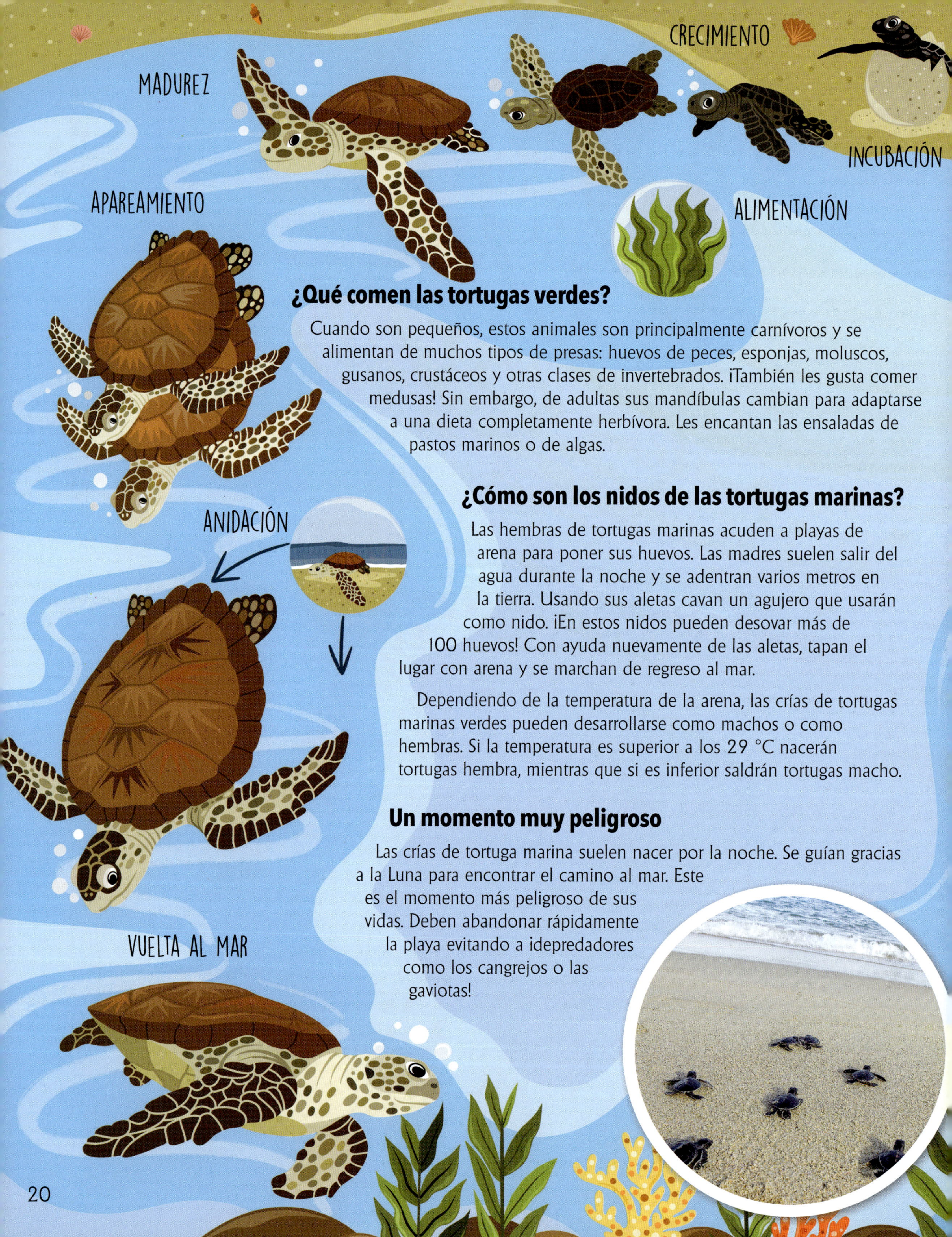

¿Qué comen las tortugas verdes?

Cuando son pequeños, estos animales son principalmente carnívoros y se alimentan de muchos tipos de presas: huevos de peces, esponjas, moluscos, gusanos, crustáceos y otras clases de invertebrados. ¡También les gusta comer medusas! Sin embargo, de adultas sus mandíbulas cambian para adaptarse a una dieta completamente herbívora. Les encantan las ensaladas de pastos marinos o de algas.

¿Cómo son los nidos de las tortugas marinas?

Las hembras de tortugas marinas acuden a playas de arena para poner sus huevos. Las madres suelen salir del agua durante la noche y se adentran varios metros en la tierra. Usando sus aletas cavan un agujero que usarán como nido. ¡En estos nidos pueden desovar más de 100 huevos! Con ayuda nuevamente de las aletas, tapan el lugar con arena y se marchan de regreso al mar.

Dependiendo de la temperatura de la arena, las crías de tortugas marinas verdes pueden desarrollarse como machos o como hembras. Si la temperatura es superior a los 29 °C nacerán tortugas hembra, mientras que si es inferior saldrán tortugas macho.

Un momento muy peligroso

Las crías de tortuga marina suelen nacer por la noche. Se guían gracias a la Luna para encontrar el camino al mar. Este es el momento más peligroso de sus vidas. Deben abandonar rápidamente la playa evitando a idepredadores como los cangrejos o las gaviotas!

La tortuga verde

La tortuga verde (*Chelonia mydas*) es una especie que habita en los océanos tropicales y subtropicales de todo el mundo. Necesita vivir en aguas con temperaturas cálidas, ya que es un reptil y no cuenta con adaptaciones para sobrevivir en sitios fríos.

Como otras tortugas marinas, suelen migrar hacia las playas donde nacieron para poner sus huevos. En este viaje pueden recorrer miles de kilómetros.

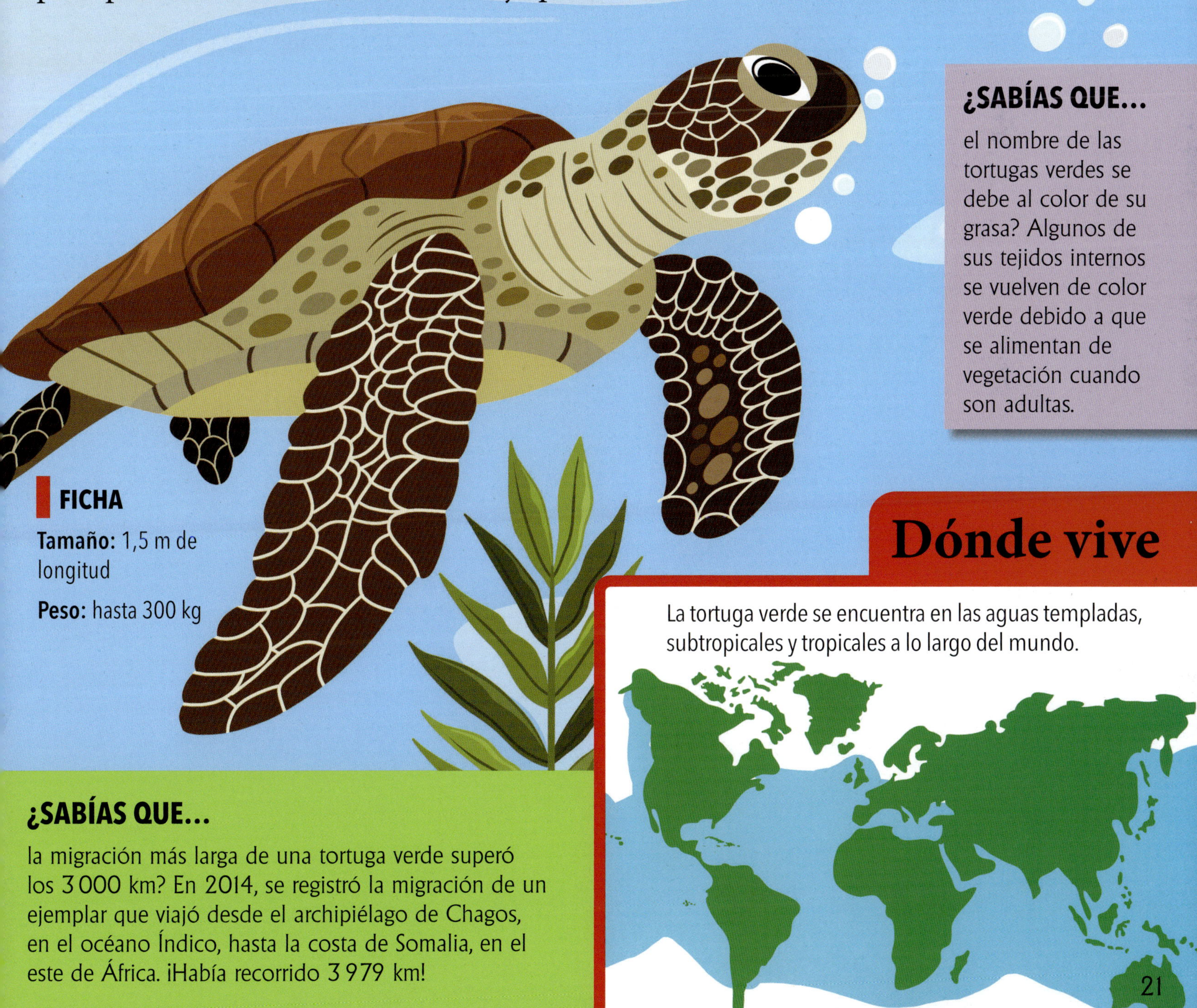

¿SABÍAS QUE...

el nombre de las tortugas verdes se debe al color de su grasa? Algunos de sus tejidos internos se vuelven de color verde debido a que se alimentan de vegetación cuando son adultas.

FICHA

Tamaño: 1,5 m de longitud

Peso: hasta 300 kg

Dónde vive

La tortuga verde se encuentra en las aguas templadas, subtropicales y tropicales a lo largo del mundo.

¿SABÍAS QUE...

la migración más larga de una tortuga verde superó los 3 000 km? En 2014, se registró la migración de un ejemplar que viajó desde el archipiélago de Chagos, en el océano Índico, hasta la costa de Somalia, en el este de África. ¡Había recorrido 3 979 km!

Un largo viaje nadando

A lo largo de la Tierra, durante la época de reproducción las tortugas verdes migran hacia diferentes playas. Entre las poblaciones que habitan las costas de Brasil, encontramos ejemplares que acuden a la isla volcánica de Ascensión. En este viaje hacia el oeste tendrán que nadar a través del océano Atlántico, llegando a recorrer más de 2 000 km. Aquí podemos encontrar a las tortugas verdes más grandes del mundo.

DICIEMBRE

Las tortugas verdes se encuentran en la costa de Brasil, desde Río de Janeiro hasta Fortaleza, en lugares con pastos marinos o arrecifes de coral donde se alimentan y viven de forma permanente. Las hembras parten hacia la isla de Ascensión cada tres o cuatro años, mientras que los machos realizan este mismo viaje todos los años. Muchas de estas tortugas acuden a las mismas playas donde nacieron.

2

DE DICIEMBRE A JUNIO

La temporada de apareamiento se inicia en noviembre y continúa hasta marzo. Mientras tanto, las hembras que ya se han reproducido visitan las playas de Ascensión para poner sus huevos. Cada temporada, acuden a la isla entre 3 000 y 5 000 tortugas hembra, que harán unos seis nidos con alrededor de 120 huevos cada uno.

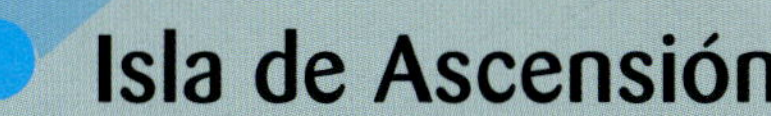

3

DE FEBRERO A SEPTIEMBRE

Las crías nacen a los 45 o 60 días después de ser puestos los huevos. Si logran sobrevivir al paso por la playa, estas tortuguitas nadan hacia el océano abierto donde estarán más seguras. Allí permanecerán entre cinco y diez años, mientras crecen y se desarrollan. Después, las jóvenes tortugas se dirigen hacia la costa de Brasil y, cuando maduran, realizan el mismo viaje que sus padres y madres. ¡Esta especie puede vivir más de 70 años!

Esta peculiar especie está en peligro de extinción, por lo que su caza, daño o captura es ilegal en prácticamente todos los países del planeta.

¿Cómo son las cigüeñas blancas?

Podemos reconocer a estas aves por su largo cuello y un plumaje que es principalmente blanco, aunque las plumas de sus alas son negras. Gracias a estas alas, largas y anchas, durante las migraciones logran elevarse a grandes alturas. Otro rasgo llamativo de estas aves son sus alargadas patas y picos, ambas partes de color rojo. El pico es puntiagudo para así poder capturar a sus presas.

¿Qué comen?

Se alimentan de insectos, lombrices, reptiles, ranas y pequeños ratones o musarañas. Para cazar, caminan muy atentas y lentamente entre la vegetación y cuando ven una presa ¡la capturan con su largo pico!

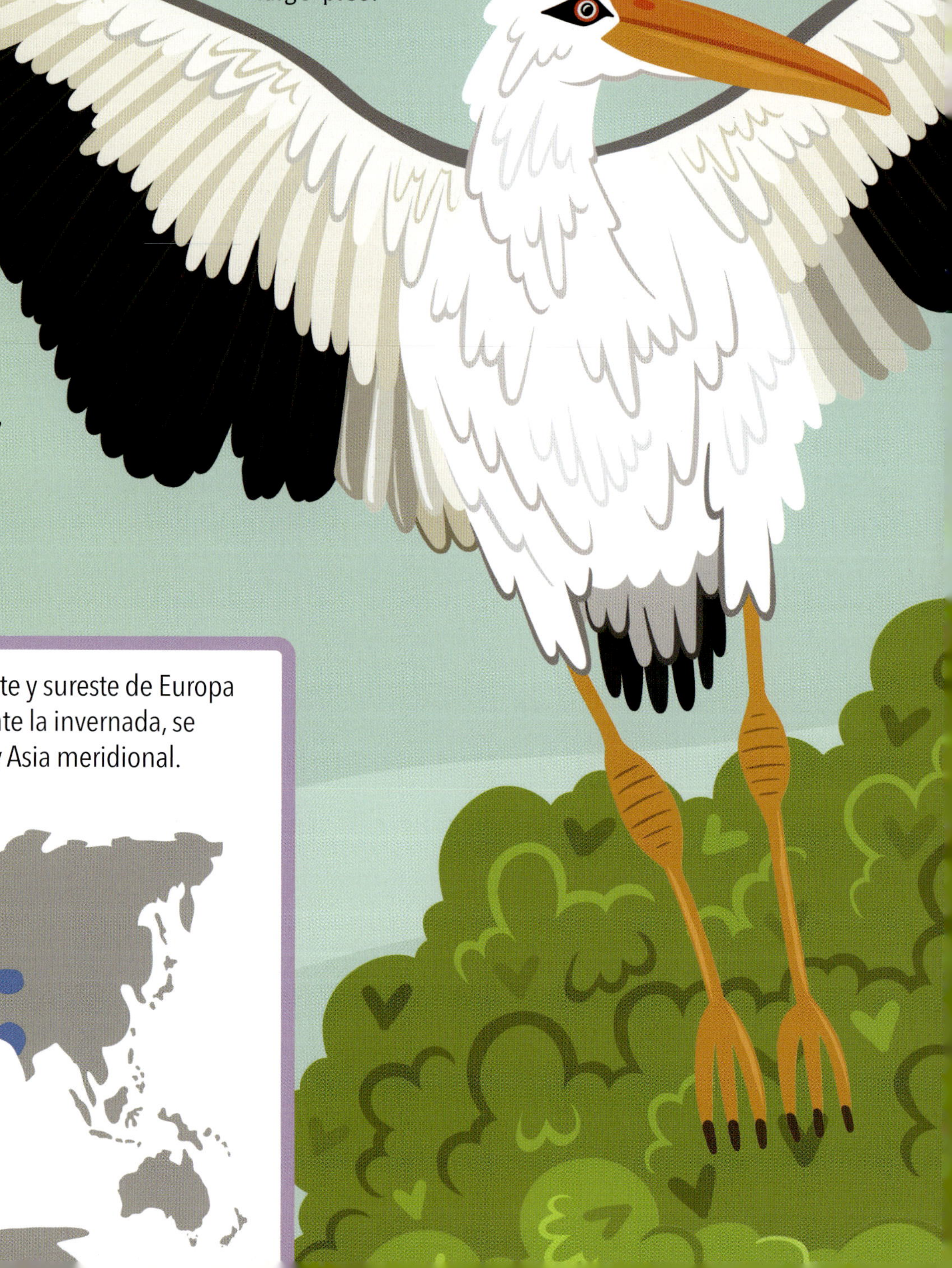

¿SABÍAS QUE...

el sonido que hacen las cigüeñas con sus picos se llama crotoreo? Durante el cortejo, estas aves castañetean sus picos para hacer un sonido parecido al de unas castañuelas. Este repiqueteo es amplificado por una estructura presente en la garganta, que actúa como un resonador.

Dónde vive

Viven en el norte de África, centro, suroeste y sureste de Europa y algunas regiones de Asia central. Durante la invernada, se desplazan hasta el centro y sur de África y Asia meridional.

La cigüeña blanca

Las cigüeñas blancas (*Ciconia ciconia*) son famosas tanto por su elegante aspecto como por el viaje que realizan.

Cada año, las poblaciones de Europa y Oriente Próximo emprenden una migración donde miles de cigüeñas ponen rumbo al sur hacia sus lugares de invernada en África.

Nidos en las alturas

Hacen los nidos con ramas y palos. A estas aves les gusta construir su hogar en la parte alta de los árboles o de edificios de pueblos y ciudades. ¡Es impresionante verlas volar entre las calles! Sus nidos pueden llegar a medir hasta 2 m de diámetro y pesar más de 250 kg. Tras nacer, los polluelos deben crecer rápidamente para así poder migrar hacia las regiones de invernada. Las madres y padres, que viven en pareja durante toda su vida, regresan al mismo nido cada año donde criarán a la próxima generación.

FICHA

Tamaño: Algo más de 1 m de altura y con una envergadura de hasta 2 m

Peso: Hasta 4,5 kg

¿SABÍAS QUE...

algunas poblaciones de cigüeñas ya no migran? Se ha descubierto que, en algunas regiones de Europa, las cigüeñas adultas prefieren no migrar e invernar en países como España. El motivo es que en estos lugares encuentran suficiente alimento en los vertederos y campos de cultivo, especialmente en los arrozales. Sin embargo, las cigüeñas jóvenes continúan realizando la migración hacia regiones de África.

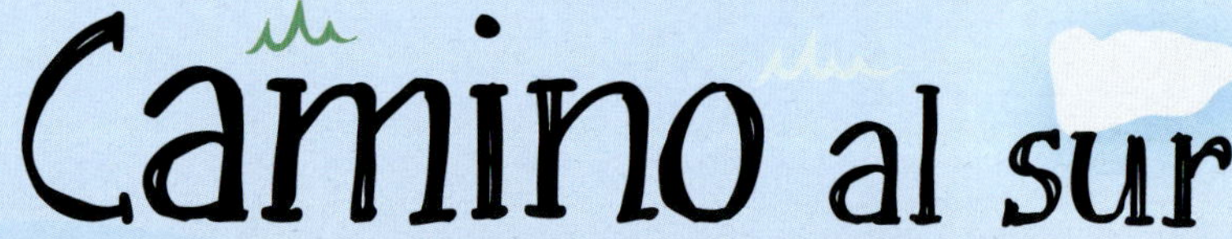

Camino al sur

Las cigüeñas usan las corrientes atmosféricas de aire caliente que se elevan, conocidas como térmicas, para volar y planear largas distancias. Durante la migración, las bandadas de cigüeñas se reúnen a la espera de que aparezca una térmica. Llegado el momento, comienzan a planear en espiral y se elevan cada vez más alto. ¡Así logran subir más de 1.500 m de altura! Esta estrategia les permite ahorrar energía mientras viajan entre Europa y África.

Las cigüeñas macho realizan unas contorsiones espectaculares: inclinan el cuello hacia atrás, hasta rozar con la cabeza el plumaje del dorso o espalda. Es su forma de saludar o dar la bienvenida a las hembras.

1

AGOSTO Y SEPTIEMBRE

Antes de que comience el invierno, las cigüeñas de Europa y Oriente Próximo emprenden su viaje hacia distintas regiones de África. ¡Se reúnen en bandadas de miles de ejemplares! Demorarán entre unos 20 o 30 días para completar este viaje.

Las térmicas no se generan sobre el mar Mediterráneo, así que las cigüeñas deben evitar esta extensa región para alcanzar su destino. Por ello, las poblaciones que parten de Europa tomarán dos rutas diferentes:

1. Una de las rutas les lleva hasta Turquía a través del Bósforo o el estrecho de Estambul. De esta forma, logran llegar a la región del Levante mediterráneo y luego sortean el desierto del Sáhara al seguir el curso del río Nilo en dirección sur.

2. La segunda ruta implica viajar a través de Europa central hasta llegar a España. Posteriormente deberán cruzar la península Ibérica hasta su extremo más al sur, en el Estrecho de Gibraltar. Desde este punto logran alcanzar las costas de África y sobrepasar el inmenso desierto del Sáhara.

2

DESDE OCTUBRE A ENERO

Durante el invierno, las cigüeñas se hallan en sus respectivas regiones de invernada en territorios africanos. Aquí se alimentan en las sabanas de países como Kenia, Uganda, Sudáfrica o Nigeria.

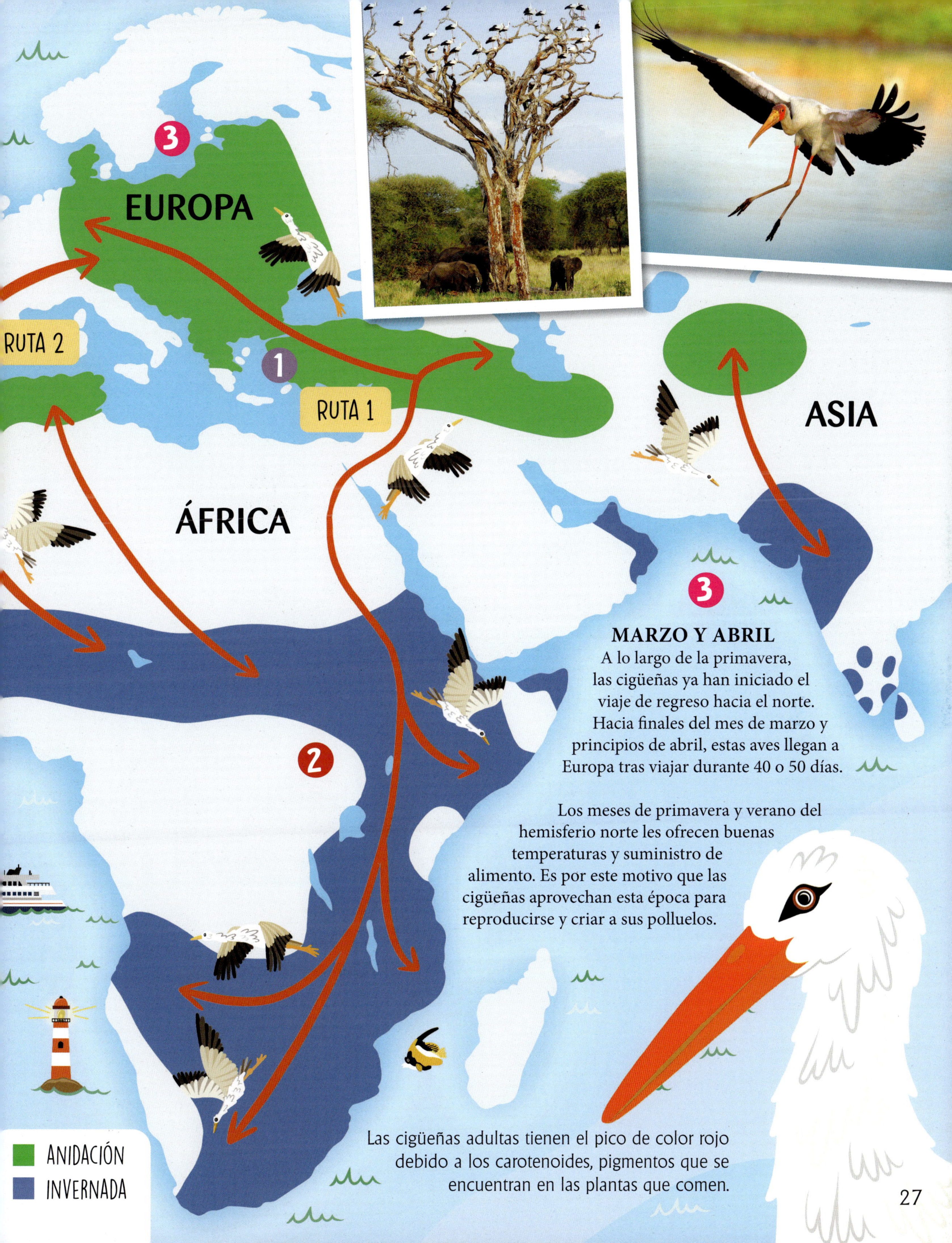

MARZO Y ABRIL

A lo largo de la primavera, las cigüeñas ya han iniciado el viaje de regreso hacia el norte. Hacia finales del mes de marzo y principios de abril, estas aves llegan a Europa tras viajar durante 40 o 50 días.

Los meses de primavera y verano del hemisferio norte les ofrecen buenas temperaturas y suministro de alimento. Es por este motivo que las cigüeñas aprovechan esta época para reproducirse y criar a sus polluelos.

Las cigüeñas adultas tienen el pico de color rojo debido a los carotenoides, pigmentos que se encuentran en las plantas que comen.

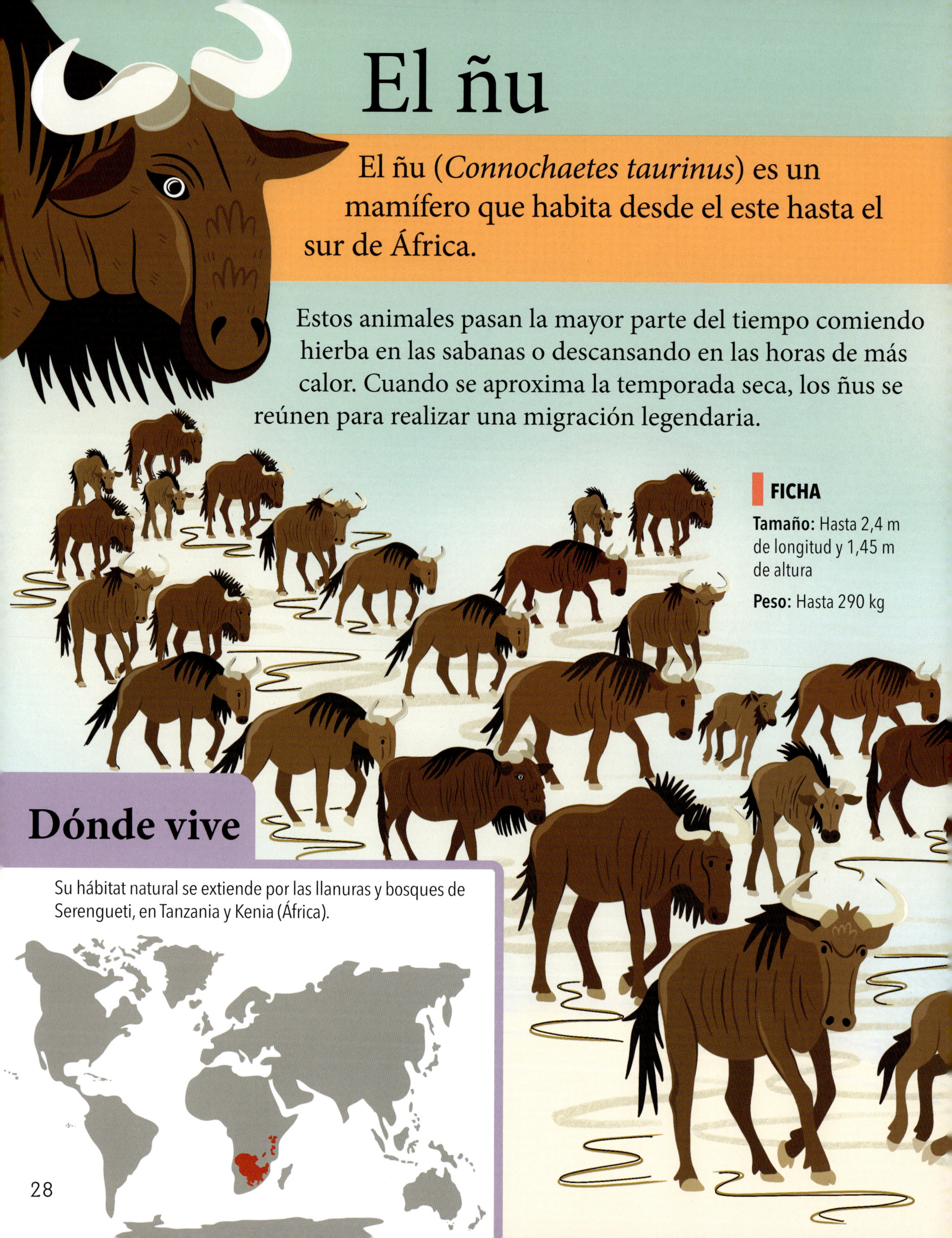

El ñu

El ñu (*Connochaetes taurinus*) es un mamífero que habita desde el este hasta el sur de África.

Estos animales pasan la mayor parte del tiempo comiendo hierba en las sabanas o descansando en las horas de más calor. Cuando se aproxima la temporada seca, los ñus se reúnen para realizar una migración legendaria.

FICHA

Tamaño: Hasta 2,4 m de longitud y 1,45 m de altura

Peso: Hasta 290 kg

Dónde vive

Su hábitat natural se extiende por las llanuras y bosques de Serengueti, en Tanzania y Kenia (África).

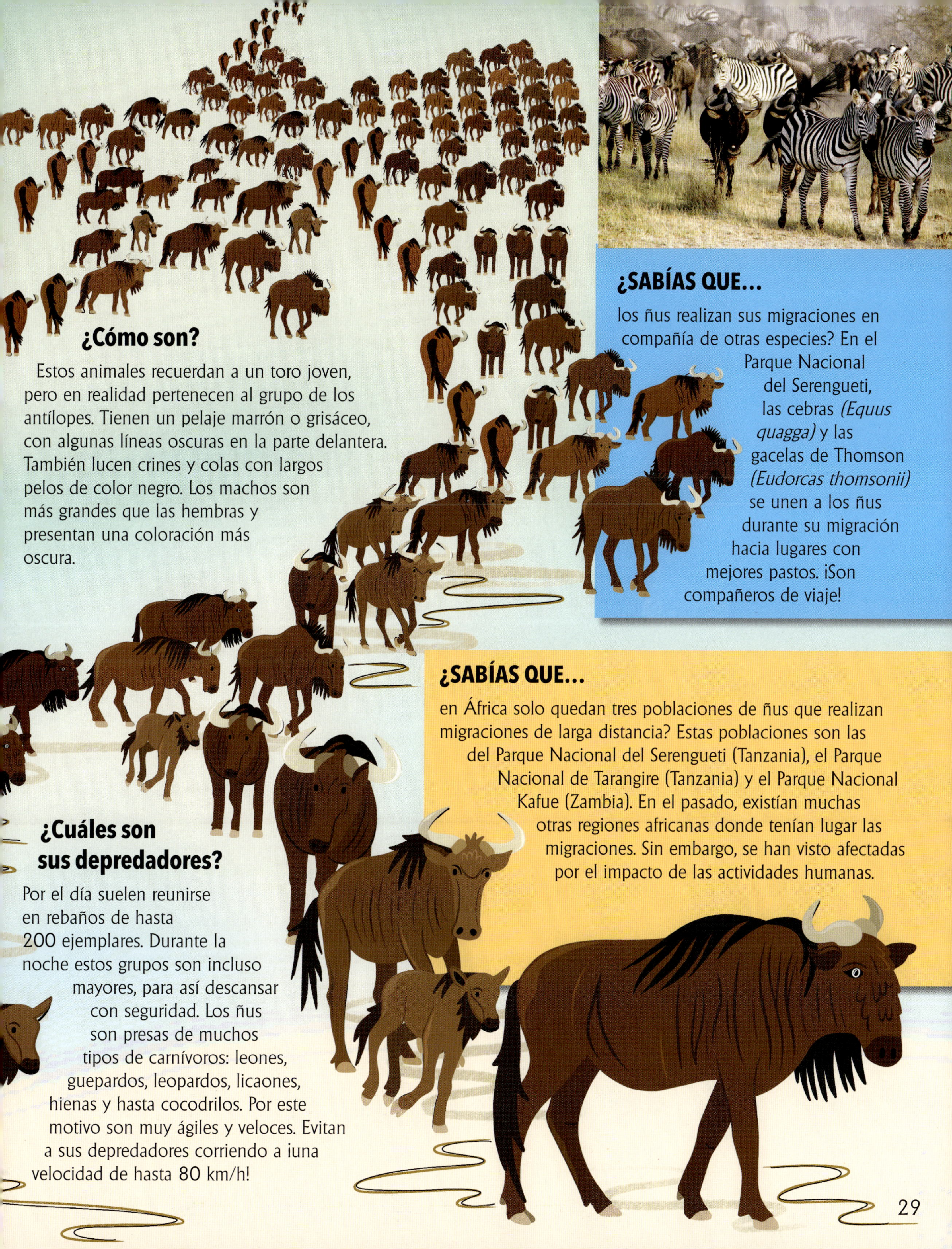

¿Cómo son?

Estos animales recuerdan a un toro joven, pero en realidad pertenecen al grupo de los antílopes. Tienen un pelaje marrón o grisáceo, con algunas líneas oscuras en la parte delantera. También lucen crines y colas con largos pelos de color negro. Los machos son más grandes que las hembras y presentan una coloración más oscura.

¿SABÍAS QUE...

los ñus realizan sus migraciones en compañía de otras especies? En el Parque Nacional del Serengueti, las cebras *(Equus quagga)* y las gacelas de Thomson *(Eudorcas thomsonii)* se unen a los ñus durante su migración hacia lugares con mejores pastos. ¡Son compañeros de viaje!

¿SABÍAS QUE...

en África solo quedan tres poblaciones de ñus que realizan migraciones de larga distancia? Estas poblaciones son las del Parque Nacional del Serengueti (Tanzania), el Parque Nacional de Tarangire (Tanzania) y el Parque Nacional Kafue (Zambia). En el pasado, existían muchas otras regiones africanas donde tenían lugar las migraciones. Sin embargo, se han visto afectadas por el impacto de las actividades humanas.

¿Cuáles son sus depredadores?

Por el día suelen reunirse en rebaños de hasta 200 ejemplares. Durante la noche estos grupos son incluso mayores, para así descansar con seguridad. Los ñus son presas de muchos tipos de carnívoros: leones, guepardos, leopardos, licaones, hienas y hasta cocodrilos. Por este motivo son muy ágiles y veloces. Evitan a sus depredadores corriendo a ¡una velocidad de hasta 80 km/h!

La gran migración

La migración del ñu más famosa es la que realizan entre el Serengueti y el Masái Mara. Se reúnen ¡más de un millón de ñus junto con otras especies! El viaje sigue una ruta circular en la misma dirección que las agujas del reloj. Durante el trayecto, buscan las lluvias que hacen crecer el pasto. Se dice que los ñus pueden oler el agua a una distancia de 50 km. Al finalizar la migración, habrán recorrido unos 600 km.

DE ENERO A MARZO

En el mes de enero los pastos son abundantes al sureste del Serengueti, así que las manadas de ñus, cebras y gacelas acuden al lugar para alimentarse. Posteriormente, a lo largo de febrero, nacen los terneros de ñus. Gracias a las plantas nutritivas, sus madres pueden producir una leche muy energética. Durante las tres semanas que duran los nacimientos, ¡nacen hasta 8 000 crías al día!

En los meses de marzo y abril las lluvias son más abundantes. Las manadas de ñus, cebras y gacelas se desplazan hacia el oeste.

3

JUNIO
En esta época ya no llueve. Los ñus, acompañados por cebras y gacelas, continúan viajando en dirección noroeste.

4

JULIO
Las manadas se dirigen hacia el río Mara.

5

AGOSTO, SEPTIEMBRE Y OCTUBRE
En el mes de agosto se produce el famoso cruce del río Mara, tras el cual alcanzarán su destino final en la reserva natural Masái Mara. Las condiciones en dicho lugar permiten que haya comida, así que pastan siguiendo dirección este. En septiembre, los ñus y las cebras se encuentran en el Masái Mara. En el mes de octubre viajan hacia el sur para regresar al Serengueti.

2

MAYO
Las lluvias empiezan a ser escasas, haciendo que la hierba de las llanuras disminuya. Entonces, los ñus se reúnen en grupos de miles de individuos y se dirigen más hacia el oeste. En este mes también comienza la época de apareamiento, que durará hasta junio.

6

NOVIEMBRE Y DICIEMBRE
Las manadas llegan a su antiguo hogar entre noviembre y diciembre, cuando se producen una serie de lluvias poco abundantes. Esta agua será suficiente para el crecimiento de nuevos y nutritivos pastos.

El reno

El reno o caribú (*Rangifer tarandus*) es un curioso mamífero capaz de vivir en las frías regiones de la tundra ártica y los bosques boreales.

Algunos se reúnen en grandes manadas de hasta 500 000 ejemplares durante la época de migraciones. En estos viajes pueden recorrer alrededor de 5 000 km. ¡Es el mamífero terrestre que realiza la migración más larga del mundo!

¿Cómo son los renos?

Son animales ungulados, y pertenecen al mismo grupo que los ciervos. Por tanto, sus cuernos se denominan astas y llegan a medir 1,4 m de longitud. Sin embargo, es la única especie de ciervo donde las astas están presentes tanto en machos como en hembras.

FICHA

Tamaño: 1,5 m de alto hasta los hombros y 2 m de longitud

Peso: Hasta 180 kg, aunque algunos machos pueden superar los 300 kg

¿SABÍAS QUE...

tiene distintos nombres? Si vive en Europa o Asia se le conoce como reno, mientras que si se encuentra en América le llaman caribú. Entre los inuit se refieren a esta especie como tuktu, mientras que los kutchin de Canadá y Alaska usan la palabra vadzaih.

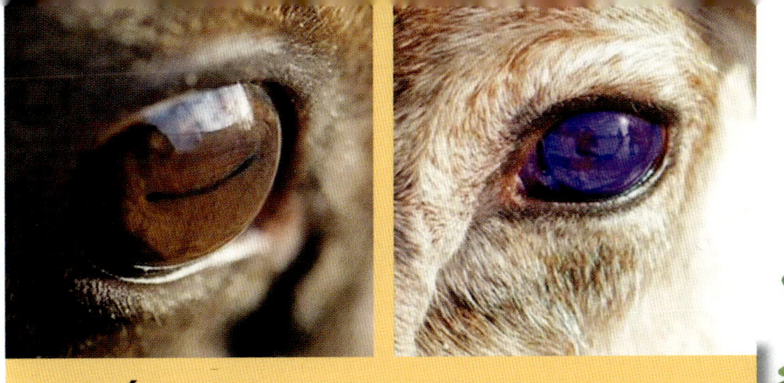

¿SABÍAS QUE...

los ojos de los renos son de color dorado en verano y azules en invierno? En el Ártico, durante los meses de invierno, se produce un fenómeno conocido como noche polar en el que la noche dura más de 24 horas. Por este motivo, el color de sus ojos cambia en esta época para poder ver en condiciones de oscuridad. Además, también son capaces de detectar la luz ultravioleta para así ver mejor en un paisaje nevado.

Dónde vive

Esta especie podemos hallarla en Alaska, Canadá, Finlandia y norte de Rusia.

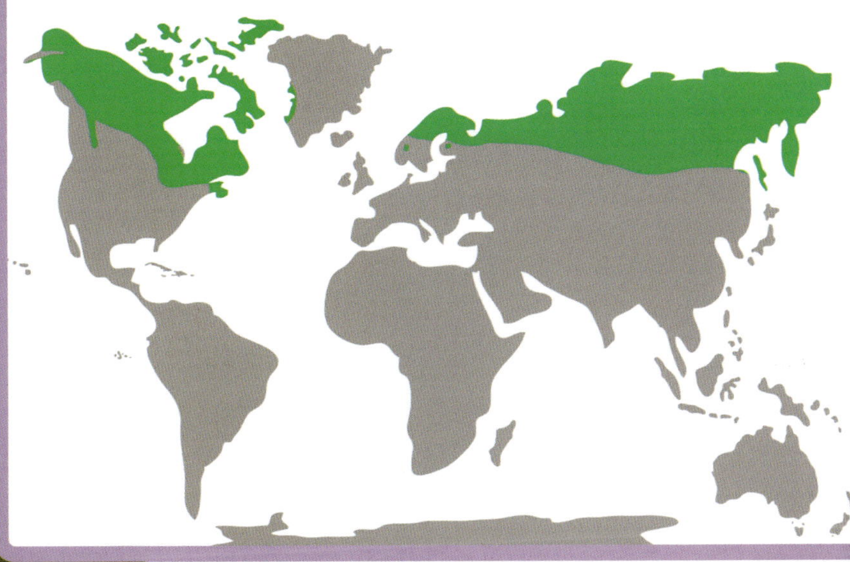

Unas pezuñas muy útiles

Las pezuñas de los caribúes son grandes. Esta adaptación les permite caminar sobre la nieve e incluso sirven para nadar cuando cruzan ríos. Además, en la parte inferior de las pezuñas tienen un hueco que utilizan para excavar en la nieve en busca de comida.

La migracion más larga

AMÉRICA DEL NORTE

PRIMAVERA

Los caribúes comienzan a agruparse en pequeños rebaños que irán creciendo en número. De esta forma, inician el viaje desde los bosques hasta las zonas donde tendrán a sus crías. Entre los meses de mayo y junio nacen las crías. Sus madres les proporcionan leche para que puedan alimentarse y crecer. ¡La leche de los caribúes es la más nutritiva de entre todos los ungulados!

2

VERANO

Las manadas continúan su viaje en dirección norte usando caminos memorizados en anteriores años. Llegan hasta los lugares donde crece un rico pasto. Allí pasarán varios meses comiendo la vegetación típica de las tundras: hierbas de varios tipos, juncos, brotes verdes de arbustos y pequeños árboles como los sauces.

3

OTOÑO

En estos meses comienza la época de reproducción, mientras los grupos disminuyen su tamaño. Durante esta época, los machos exhiben el tamaño de sus astas y luchan entre ellos por el derecho a aparearse.

Algunos caribúes del noreste y centro-norte de Alaska y norte de Canadá son los protagonistas de una increíble migración en la cual recorren hasta 5 000 km al año. En este viaje irán desde los bosques boreales hasta la tundra ártica para luego regresar. ¡Es el mamífero terrestre que realiza la migración más larga del mundo!

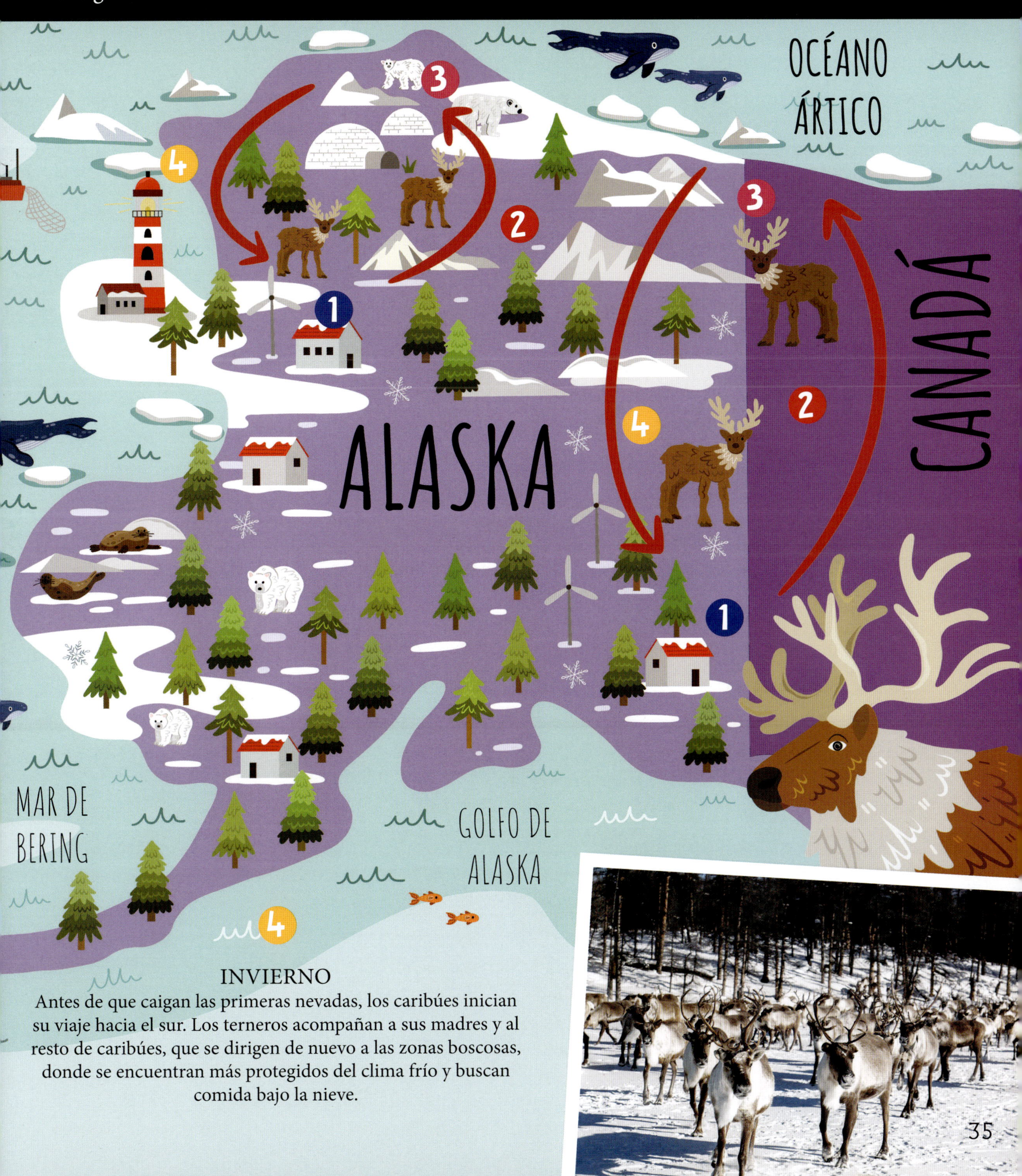

INVIERNO

Antes de que caigan las primeras nevadas, los caribúes inician su viaje hacia el sur. Los terneros acompañan a sus madres y al resto de caribúes, que se dirigen de nuevo a las zonas boscosas, donde se encuentran más protegidos del clima frío y buscan comida bajo la nieve.

El salmón rojo

Los salmones son peces que tienen un ciclo de vida muy peculiar. Estos animales nacen en ríos o lagos, mientras que cuando son adultos viven en el mar.

En la época de reproducción realizan un agotador viaje para regresar a los sitios donde nacieron. El salmón rojo *(Oncorhynchus nerka)* es uno de los salmones más famosos.

La increíble transformación del salmón

Cuando viven en el mar abierto, en realidad son de color azul con reflejos plateados, pero durante el regreso a los ríos su cuerpo se transforma. Las escamas adquieren un tono rojo brillante, mientras que sus cabezas se vuelven de color verde. Entre los ejemplares machos, también destaca la formación de una joroba, el crecimiento del hocico y ¡la aparición de colmillos! En las hembras, estos cambios se producen en menor grado.

Dónde vive

El salmón rojo habita en la zona norte del océano Pacífico, desde California hasta Japón.

¿SABÍAS QUE...

cuando migran los salmones nadan cientos de kilómetros remontando los ríos? El viaje más largo es el realizado por los salmones que desovan en Redfish Lake (Idaho, Estados Unidos). ¡Recorren más de 1 400 km!

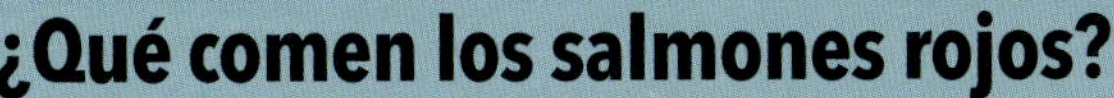

¿Qué comen los salmones rojos?

Son peces carnívoros, que se alimentan de otros pequeños animales conocidos como zooplancton. También les gusta comer camarones o, cuando habitan en los ríos, insectos.

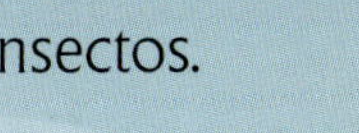

FICHA

Tamaño: Hasta 84 cm de longitud

Peso: Entre 2 y 7 kg

La carrera del salmón

Los salmones viven en el mar, pero viajan a los ríos y lagos para reproducirse y desovar. Es decir, migran entre un ambiente de agua salada a uno de agua dulce. El regreso a los ríos es conocido como la **carrera del salmón**.

Tras nacer, una vez que llegan al océano están entre uno y cuatro años creciendo. Cuando llega el momento de poner los huevos, básicamente el pez apaga su cuerpo y no come durante los 4 meses que estará subiendo por el río. Entonces se transforma en una máquina diseñada para dos cosas: nadar en un río a contracorriente y poner huevos.

¿SABÍAS QUE...

muchos depredadores cazan salmones durante su migración? Los osos aprovechan este viaje para ¡capturarlos en las cascadas y aguas poco profundas! La carrera del salmón también es un evento muy importante para las águilas calvas o las nutrias. Incluso las focas y los leones marinos van a la desembocadura de los ríos para esperarlos.

El último viaje

La migración del salmón está estrechamente relacionada con su ciclo de vida anádromo. Los ejemplares jóvenes pasan por varias etapas mientras viven en agua dulce. Tras crecer lo suficiente, se aventuran hacia el inmenso océano Pacífico y solo regresarán cuando estén listos para reproducirse. ¡Este será su último viaje!

1

ALEVÍN

En los ríos, los huevos de salmón eclosionan pasados de dos a seis meses tras el desove. Las diminutas larvas se conocen como alevines. Viven escondidos entre la grava del lecho del río. Comen animales microscópicos.

2

PINTOS O PARR

A finales del verano los alevines se desarrollan en una forma conocida como pintos o parr. Ahora su cuerpo luce un patrón de manchas para camuflarse en el ambiente y se alimentan de pequeños invertebrados. En este estado permanecen durante tres años.

3

ESGUINES O SMOLT

Cuando crecen lo suficiente como para migrar al mar, sus escamas se vuelven plateadas. Entonces reciben el nombre de esguines o smolt. Se dirigen a zonas como estuarios y a finales de la primavera se van definitivamente al mar. En los océanos pasan entre cuatro o más años como adultos.

4

EL REGRESO A LOS RÍOS

La migración o la carrera del salmón se produce en otoño, entre los meses de septiembre y noviembre. Los peces adultos abandonan el mar y entran en los ríos donde viajan a contracorriente hasta los lugares donde desovan. Muchos de ellos son capaces de regresar al mismo lugar donde nacieron. En este trayecto, los salmones deben ser muy hábiles para nadar, esquivar depredadores y saltar obstáculos como las cascadas. ¡Se ha visto a salmones dar saltos verticales de más de 3 m!

5

EL DESOVE

Las hembras buscan un lugar del río con grava y que tenga poca profundidad. Allí barren el lecho del río con la cola para construir un nido de unos 2 m^2. ¡En cada nido desovan hasta 5 000 huevos! Estos huevos tienen el tamaño de un guisante y son de color naranja. Mientras tanto, los machos luchan por acceder a los nidos. Tanto los machos como las hembras mueren tras reproducirse.

1
2
5
RÍO
3
MIGRACIÓN
4
OCÉANO

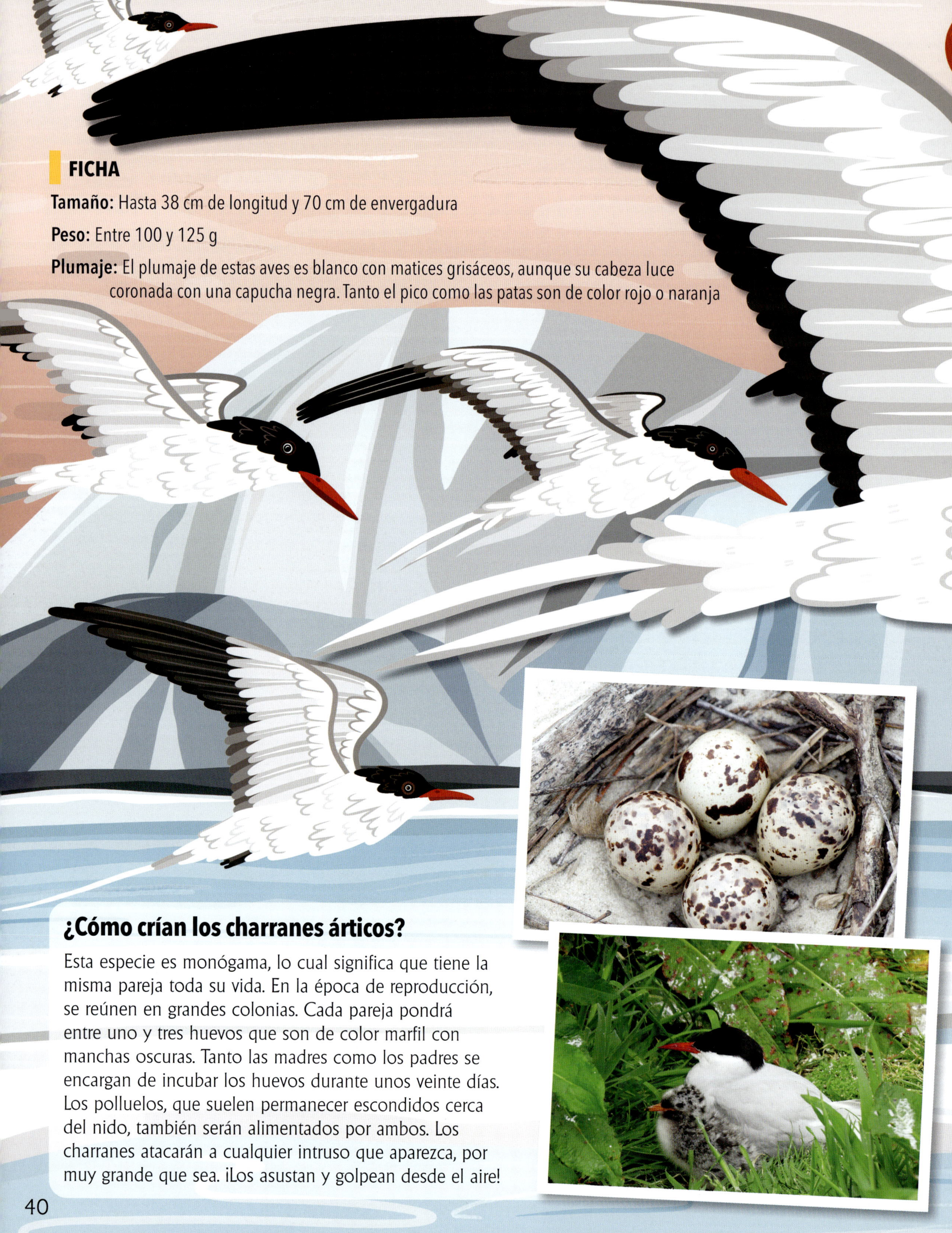

FICHA

Tamaño: Hasta 38 cm de longitud y 70 cm de envergadura

Peso: Entre 100 y 125 g

Plumaje: El plumaje de estas aves es blanco con matices grisáceos, aunque su cabeza luce coronada con una capucha negra. Tanto el pico como las patas son de color rojo o naranja

¿Cómo crían los charranes árticos?

Esta especie es monógama, lo cual significa que tiene la misma pareja toda su vida. En la época de reproducción, se reúnen en grandes colonias. Cada pareja pondrá entre uno y tres huevos que son de color marfil con manchas oscuras. Tanto las madres como los padres se encargan de incubar los huevos durante unos veinte días. Los polluelos, que suelen permanecer escondidos cerca del nido, también serán alimentados por ambos. Los charranes atacarán a cualquier intruso que aparezca, por muy grande que sea. ¡Los asustan y golpean desde el aire!

El charrán ártico

El charrán ártico (*Sterna paradisaea*) es un ave marina pequeña que cría en grandes colonias en diversas regiones del Ártico, en el hemisferio norte.

Al terminar la temporada de cría, migra hacia la Antártida, en el hemisferio sur. Tras regresar al norte habrá recorrido más de 50 000 km. ¡Su migración es la más larga del reino animal!

¿SABÍAS QUE...

los charranes árticos viven dos veranos cada año? Las estaciones del año varían según el hemisferio donde nos encontramos. Cuando es verano en el hemisferio norte, en el sur será invierno y viceversa. Los charranes árticos aprovechan el verano ártico para criar y después migran hacia la Antártida para evitar el invierno. Allí también hay mucha más comida que en los mares en verano.

¿Qué comen los charranes árticos?

Los charranes árticos comen peces como, por ejemplo, arenques y pequeños bacalaos. También les gustan algunos crustáceos, sobre todo el krill. Para pescar, vuelan lentamente sobre la superficie del mar mientras buscan presas que nadan bajo el agua. Cuando ven una oportunidad, se quedan suspendidos en el aire un instante y ise lanzan en picado para atraparlas! Además, se alimentan de insectos y otros invertebrados que encuentran en tierra, cerca de las zonas donde tienen los nidos.

¿SABÍAS QUE...

durante el cortejo los charranes regalan peces a sus parejas? Para agasajar a las hembras, los machos atrapan peces en el mar. Exhiben estas capturas en el cortejo mientras realizan una coreografía tanto en el aire como en tierra.

Viajeros increíbles

La migración de estas aves hacia el sur o el norte no es directa, sino que sigue una ruta serpenteante a lo largo de los océanos que atraviesan. Este viaje enrevesado no es por capricho, ya que en realidad van buscando los vientos dominantes que les ayudan a impulsarse.

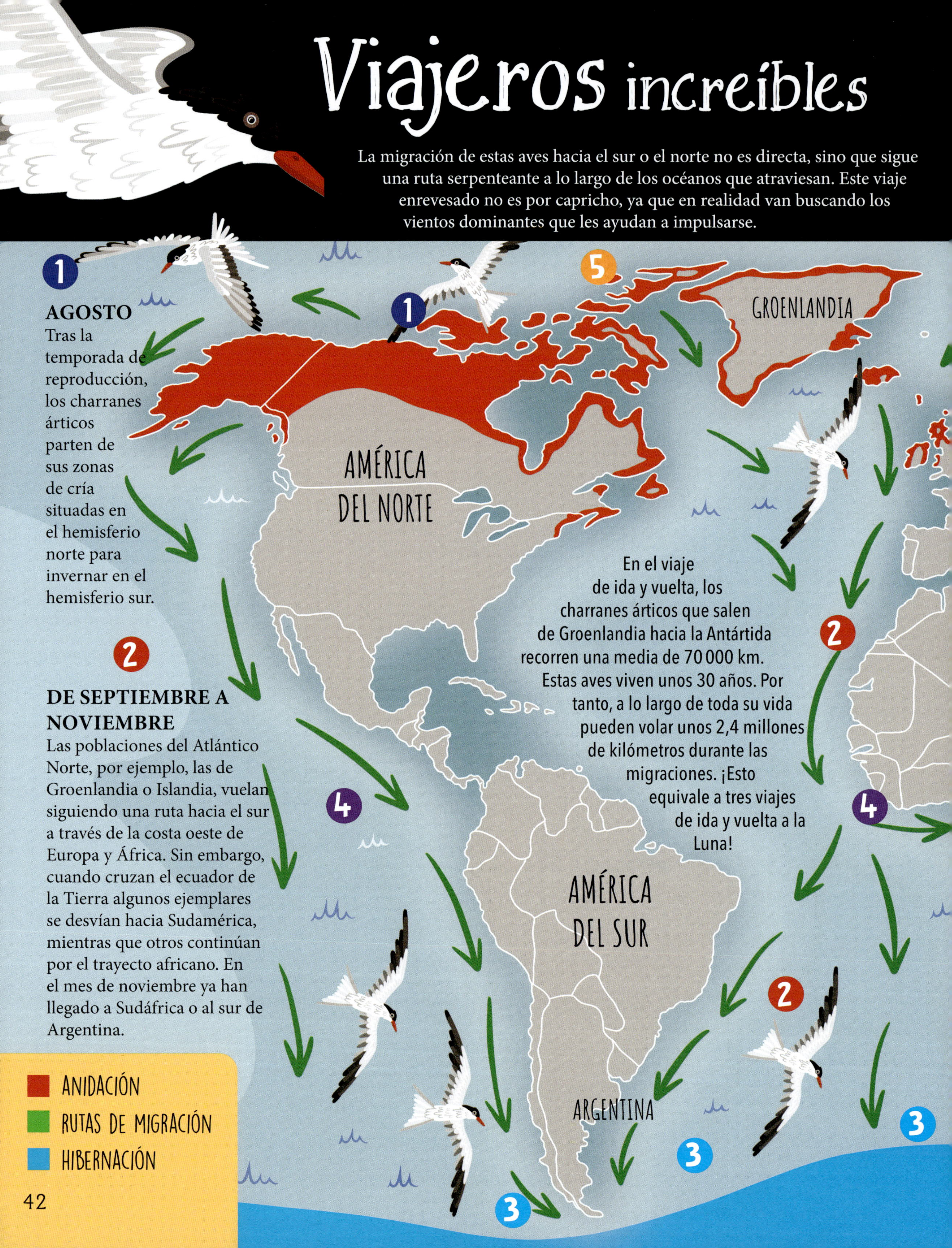

1

AGOSTO
Tras la temporada de reproducción, los charranes árticos parten de sus zonas de cría situadas en el hemisferio norte para invernar en el hemisferio sur.

2

DE SEPTIEMBRE A NOVIEMBRE
Las poblaciones del Atlántico Norte, por ejemplo, las de Groenlandia o Islandia, vuelan siguiendo una ruta hacia el sur a través de la costa oeste de Europa y África. Sin embargo, cuando cruzan el ecuador de la Tierra algunos ejemplares se desvían hacia Sudamérica, mientras que otros continúan por el trayecto africano. En el mes de noviembre ya han llegado a Sudáfrica o al sur de Argentina.

En el viaje de ida y vuelta, los charranes árticos que salen de Groenlandia hacia la Antártida recorren una media de 70 000 km. Estas aves viven unos 30 años. Por tanto, a lo largo de toda su vida pueden volar unos 2,4 millones de kilómetros durante las migraciones. ¡Esto equivale a tres viajes de ida y vuelta a la Luna!

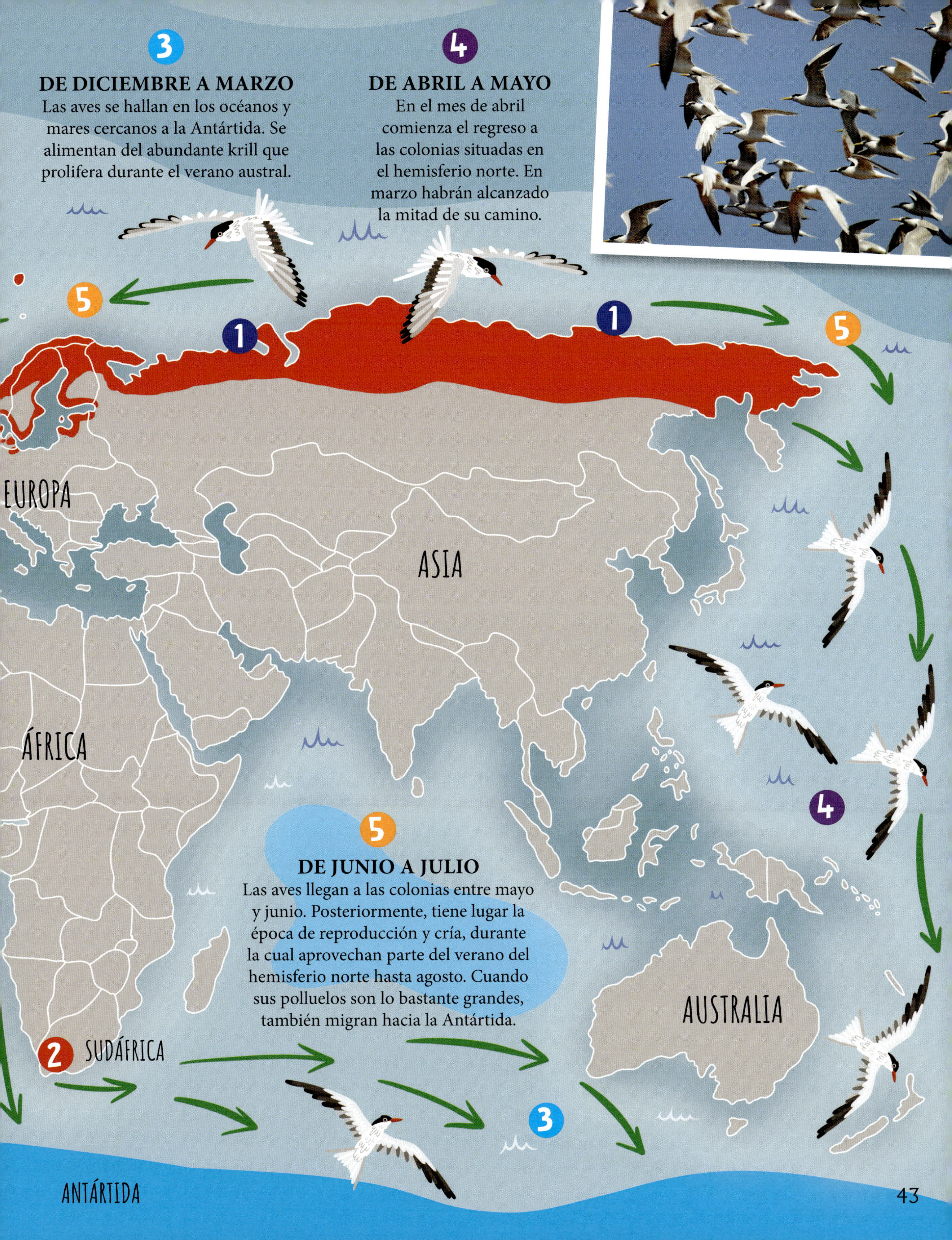
3
DE DICIEMBRE A MARZO
Las aves se hallan en los océanos y mares cercanos a la Antártida. Se alimentan del abundante krill que prolifera durante el verano austral.
4
DE ABRIL A MAYO
En el mes de abril comienza el regreso a las colonias situadas en el hemisferio norte. En marzo habrán alcanzado la mitad de su camino.
5
1
1
5
EUROPA
ASIA
ÁFRICA
4
5
DE JUNIO A JULIO
Las aves llegan a las colonias entre mayo y junio. Posteriormente, tiene lugar la época de reproducción y cría, durante la cual aprovechan parte del verano del hemisferio norte hasta agosto. Cuando sus polluelos son lo bastante grandes, también migran hacia la Antártida.
AUSTRALIA
2
SUDÁFRICA
3
ANTÁRTIDA

El cangrejo rojo de la isla de Navidad

Los cangrejos rojos de la Isla de Navidad (*Gecarcoidea natalis*) son unos crustáceos terrestres endémicos de la isla de Navidad y las islas Cocos, las cuales se encuentran en el océano Índico.

FICHA

Tamaño: Aproximadamente 115 mm de ancho

Peso: Entre 300 y 400 g

Rasgo característico: Su caparazón de color rojo brillante. Aunque también hay ejemplares con tonos naranjas o incluso púrpuras.

¿SABÍAS QUE...

cuando son adultos los cangrejos rojos tienen pocos depredadores?

En la isla de Navidad existen muy pocos depredadores, lo cual permite que la población de cangrejos sea tan grande. En el pasado la rata de Maclear *(Rattus macleari)* podría haber sido su mayor enemigo, pero este roedor se extinguió en 1903.

Dónde vive

Este cangrejo vive en la isla de Navidad y en las islas Cocos, en Australia, y no se encuentra en ningún otro lugar del planeta.

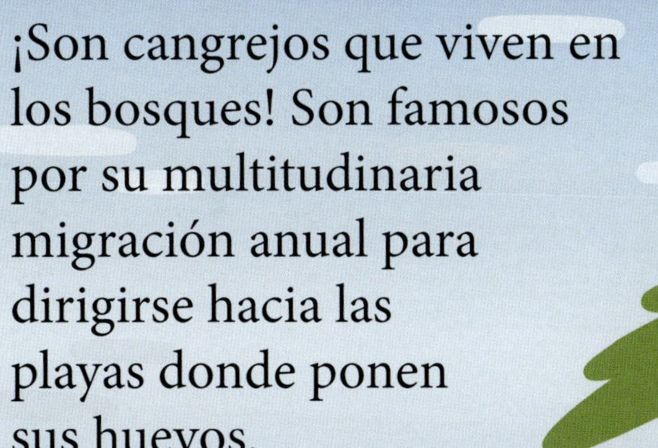

¡Son cangrejos que viven en los bosques! Son famosos por su multitudinaria migración anual para dirigirse hacia las playas donde ponen sus huevos.

¿Qué comen los cangrejos rojos?

Esta especie es omnívora. Recorre el suelo buscando cualquier tipo de comida: hojas, frutas, flores y brotes. También se alimentan de carroña o de pequeños animales, por ejemplo, caracoles, que capturan con sus pinzas. ¡Incluso se les puede ver merodeando entre la basura humana!

¿Cómo respiran?

Al igual que otros cangrejos terrestres, esta especie respira gracias a sus branquias. Por tanto, para que sus branquias sigan funcionando deben evitar deshidratarse. Durante las horas de más calor, se esconden en sus madrigueras hechas bajo tierra. En la estación seca, de julio a octubre, cierran la entrada de sus madrigueras y permanecen allí hasta que llegan las lluvias.

¿SABÍAS QUE...

en la isla de Navidad habitan millones de cangrejos rojos? En la década de 1990 se estimó que vivían allí alrededor de 43,7 millones de ejemplares. Sin embargo, la invasión de la hormiga loca amarilla *(Anoplolepis gracilipes)* ha reducido de forma drástica su población. Esta hormiga fue transportada a la isla de forma accidental por los humanos.

Viaje... a la playa

El clima de la isla de Navidad es tropical y solo cuenta con dos estaciones: seca y húmeda. La migración de los cangrejos rojos se inicia con la llegada de las lluvias, que marcan el momento para que esta especie se reproduzca. Durante el viaje, millones de cangrejos parten desde los bosques hasta las playas. Son tantos que ¡detienen el tráfico de las carreteras!

1 COMIENZA LA MARCHA DE LOS CANGREJOS

La estación húmeda se produce entre los meses de noviembre y junio, cuando la isla se verá afectada por monzones y ciclones. Al caer las primeras lluvias, los cangrejos comienzan a viajar desde el interior de la isla hasta la costa. Generalmente, caminan en línea recta recorriendo unos 600 m al día y tardan una semana en alcanzar su destino. Al llegar a la playa, se dan un rápido chapuzón en el mar para así reponer la humedad.

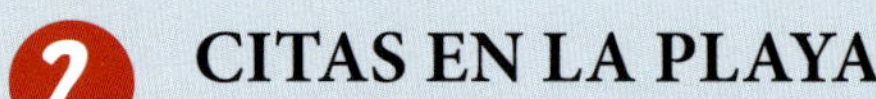

2 CITAS EN LA PLAYA

En las playas los machos excavan madrigueras que deberán defender de otros machos intrusos. Después de aparearse, las hembras mantienen los huevos bajo su abdomen y usan las madrigueras como escondite durante al menos dos semanas. Los machos se darán un último baño en el mar y luego regresan al bosque.

3 EL MOMENTO IDÓNEO PARA LA PUESTA

Las hembras emergen de las madrigueras con los huevos y esperan en la playa el momento idóneo para realizar la puesta. Mientras aguardan aprovechan para bañarse y se mantienen a la sombra. Cuando se produzca una marea alta favorable para los cangrejos, las hembras acudirán a la orilla y dejarán caer los huevos en el mar. Después regresarán al bosque.

4 LARVAS DIMINUTAS

Los huevos eclosionan justamente cuando tocan el agua. De ellos surgen diminutas larvas capaces de nadar. Estas larvas deberán pasar por varias etapas para desarrollarse. A las cuatro semanas, ya tendrán el aspecto de un cangrejo minúsculo y podrán regresar a la isla.

5 CAMINO AL BOSQUE

Los cangrejos jóvenes miden unos 5 mm de ancho. ¡Al salir del agua cubren la playa como si fueran una alfombra roja! Entonces se dirigen hacia el bosque y durante tres años vivirán escondidos entre las piedras, los troncos caídos o la hojarasca del suelo. A los cuatro o cinco años ya serán lo suficientemente grandes como para participar en las migraciones.

Contenido

C/ Puerto de Navacerrada, 88
28935 Móstoles (Madrid)
Tel.: (34) 91 657 25 80
e-mail: libsa@libsa.es
www.libsa.es

ISBN: 978-84-662-4283-7

Textos: Ángel Luis León Panal
Ilustración: Bethany Lord · Advocate Art

DL: M-4098-2024